Torben Hönemann

***

Entwicklung von Webapplikationen mit Zugriff auf SAP/R3 Systeme

SAP Web Dynpro vs. IBM Portlets

Salzwasser
Verlag

www.salzwasserverlag.de/wissenschaft

Hönemann, Torben

Entwicklung von Webapplikationen mit Zugriff auf SAP/R3 Systeme
SAP Web Dynpro vs. IBM Portlets

1. Auflage 2008 | ISBN: 978-3-86741-068-7

© CT Salzwasser-Verlag GmbH & Co. KG, 2008
(www.salzwasserverlag.de). Alle Rechte vorbehalten.

Die Deutsche Bibliothek verzeichnet diesen Titel in der Deutschen Nationalbibliografie. Bibliografische Daten sind unter http://dnb.ddb.de verfügbar.

Dieses Fachbuch wurde nach bestem Wissen und mit größtmöglicher Sorgfalt erstellt. Im Hinblick auf das Produkthaftungsgesetz weisen Autoren und Verlag darauf hin, dass inhaltliche Fehler und Änderungen nach Drucklegung dennoch nicht auszuschließen sind. Aus diesem Grund übernehmen Verlag und Autoren keine Haftung und Gewährleistung. Alle Angaben erfolgen ohne Gewähr.

Inhaltsverzeichnis

Abbildungsverzeichnis

1 Einleitung

1.1 Webapplikationen

Vor ca. 16 Jahren entwickelte der britische Informatiker Tim Berners Lee das World Wide Web.

Ursprünglich als Projekt zum Austausch wissenschatlicher Informationen geplant, hat das WWW inzwischen eine enorme Popularität erreicht und ist für viele Menschen ein fester Bestandteil des alltäglichen Lebens geworden. Neben den zahlreichen privaten Websites, ist heute auch nahezu jedes größere Unternehmen durch eine eigene Webpräsenz im WWW vertreten.

Aus den ersten statischen Webseiten der frühen 90ziger Jahre, sind längst dynamische Webapplikationen geworden, die nicht nur Inhalte präsentieren, sondern auch eine umfassende Interaktion mit ihren Benutzern ermöglichen.

Plattformunabhängigkeit und die Möglichkeit komplexe Benutzungsoberflächen zu entwickeln, machen Webapplikationen mittlerweile auch für den Einsatz innerhalb von Unternehmen interessant. Eine Webapplikation lässt sich leicht in ein unternehmensinternes Intranet oder Web-Portal integrieren, so dass Mitarbeiter von jedem Unternehmensstandort aus darauf zugreifen können. Auch wird für die Verwendung von Webapplikationen, im Gegensatz zu einer klassischen Client - Server Applikation, kein spezieller Client benötigt. Ein, in vielen Betriebssystemen bereits standardmäßig vorhandener Webbrowser, ist völlig ausreichend.

1.2 Motivation

Auch bei den Kunden der CN-Consult GmbH ist eine Tendenz zum vermehrten Einsatz von Webapplikationen zu erkennen. Ein besonderes Interesse liegt dabei in der Umsetzung von bereits vorhandenen SAP R/3-Applikationen in Webapplikationen.

Die Prototypen-Toleranz-Liste (PTL) ist eine solche SAP R/3-Applikation. Sie wird für die Verwaltung von Bauteilen für Fahrzeugprototypen eingesetzt. Die PTL wurde von der CN-Consult GmbH im Auftrag eines Großkunden konzipiert und in der SAP-Programmiersprache ABAP implementiert.

Um den Benutzerkreis einfach erweitern zu können und die Verfügbarkeit zu erhöhen, erhielt die CN-Consult GmbH den Auftrag, das Projekt *PTL@Intranet* umzusetzen. Ziel dieses Projekts, dass mittlerweile abgeschlossen ist, war die Integration der PTL in das Intranet bzw. das zukünftige Portal des Kunden und damit letztlich die Entwicklung einer entsprechenden Webapplikation. Diese sollte in sehr kurzer Zeit, mit so wenig Aufwand wie möglich erstellt werden. Nach Möglichkeit sollten große Teile der Funktionslogik der PTL weiterverwendet werden und lediglich die Benutzungsoberfläche neu entwickelt werden.

Die CN-Consult GmbH entschloss sich daraufhin, das SAP NetWeaver Developer Studio als Planungs- und Entwicklungswerkzeug für dieses Projekt einzusetzen und die zu erstellende Webapplikation als SAP Web Dynpro Applikation zu implementieren, um eine gezielte Einbindung der vorhandenen ABAP Funktionslogik realisieren zu können.

Allerdings wird beim Kunden im Bereich Softwareentwicklung, insbesondere bei der Entwicklung von Webapplikationen und Portallösungen der Einsatz von Werkzeugen der IBM Corporation sehr stark favorisiert.

Es ist absehbar, dass in nächster Zeit weitere bestehende SAP R/3-Applikationen in Webapplikationen transformiert werden sollen. Daher möchte die CN Consult GmbH in einer grundlegenden Untersuchung klären, inwiefern sich die Software-Technologien SAP Web Dynpro und IBM Portlets zur Erstellung von Webapplikationen eignen, die auf der Funktionslogik von SAP R/3-Applikationen basieren (nachfolgend auch R/3-Webapplikationen genannt). Darüber hinaus sollen Aufbau und Struktur einer Webapplikation untersucht werden.

1.3 Aufgabenstellung

Diese Diplomarbeit soll einerseits einen Einblick in die wichtigsten Aspekte einer R/3-Webapplikation geben, andererseits eine Entscheidungsgrundlage bei der Auswahl der Softwaretechnologie für zukünftige R/3-Webapplikationen sein. Es wurden deshalb folgende Einzelaufgaben formuliert:

1. Vergleich der beiden Softwaretechnologien SAP Web Dynpro und IBM Portlets Dabei sollen auch die beiden Softwareentwicklungsumgebungen SAP NetWeaver Developer Studio und IBM Rational Application Developer näher betrachtet werden

2. Untersuchung der Gestaltung von Web-Benutzungsoberflächen

3. Untersuchung der Funktionslogik und des Datenmanagements in SAP R/3-Applikationen

4. Untersuchung der Authentifizierung und Autorisierung von Benutzern von Webapplikationen

5. Entwurf einer Beispielapplikation und Implementierung dieser Applikation mit Hilfe der beiden genannten Softwaretechnologien

1.4 Themenübersicht und Gliederung

Um der Aufgabenstellung gerecht zu werden, behandelt diese Diplomarbeit folgende Themengebiete: [1]

1. *SAP Web Dynpro* und *IBM Portlets*
   Zur Entwicklung und Implemtierung von Webapplikationen gibt es mittlerweile eine große Anzahl verschiedener Entwicklungswerkzeuge und -verfahren. Neben der Kompatibilität zum J2EE Standard und der Strukturierung nach dem MVC-Design Pattern, bieten SAP Web Dynpro- und IBM Portlet-Applikationen die Möglichkeit relativ unkompliziert auf Daten aus SAP R/3-Systemen zugreifen zu können. Durch die jeweilige Entwicklungsumgebung, SAP NetWeaver Developer Studio bzw. IBM Rational Application Developer, wird der Softwareentwickler dabei optimal bei der Erstellung einer solchen Applikation unterstützt.

   Das zweite Kapitel dieser Diplomarbeit beschäftigt sich daher mit einer kurzen Einführung in die beiden Softwaretechnologien *SAP Web Dynpro* und *IBM Portlets*. Dabei werden vor allem die Plattformen *SAP NetWeaver* und *IBM WebSphere*, die oben genannten Entwicklungsumgebungen, sowie die Architekturen der beiden Technologien behandelt.

2. Die Beispielapplikation *PTL Pilot*
   Um die praktische Anwendung der theoretischen Erkenntnisse zu SAP Web Dynpro und IBM Portlets zu demonstrieren, wurde mit jeder der

---

[1] Jedes Themengebiet wird in einem eigenen Kapitel behandelt

beiden Technologien die Beispielapplikation *PTL Pilot* erstellt. Dieses Kapitel stellt die thematisch gleichen aber technologisch verschiedenen Applikationen kurz vor und erläutert die Vorgehensweise bei ihrer Entwicklung und Implementierung. Auch in den folgenden Kapiteln werden die beiden Beispielapplikationen immer wieder aufgegriffen und dazu verwendet, theoretischen Erkenntnissen einen Praxisbezug zu geben.

3. Gestaltung von Weboberflächen
   Ein wichtiger Aspekt einer Softwareapplikation ist die Schnittstelle zum menschlichen Benutzer, die Benutzungsoberfläche. Während frühere kommandozeilenorientierte Oberflächen wenig Gestaltungsspielraum zuließen, bieten die heute üblicherweise eingesetzten graphischen Oberflächen, mit ihrer Vielzahl von einsetzbaren Elementen und Farbvariationen, weitreichende Möglichkeiten in ihrer Gestaltung. Damit sich ein Benutzer auf einer graphischen Oberfläche gut zurechtfindet und die für ihn wichtigen Informationen schnell und sicher erfassen kann, ist es wichtig bestimmte Regeln und Vorgehensweisen bei der Gestaltung solcher Oberflächen einzuhalten. Darüber hinaus werden in zahlreichen ISO-Normen verschiedenen Anforderungen an Benutzungsoberflächen formuliert.

   Kapitel 4 beschäftigt sich daher einerseits mit allgemeinen Gestaltungsregeln für Benutzungsoberflächen. Andererseits werden anhand der konkreten Benutzungsoberflächen der Beispielapplikationen die Umsetzung dieser Regeln erläutert und die Technologien zur Erzeugung dieser Oberflächen vorgestellt.

4. ABAP Programmierung und Datenmanagement
   Der wesentliche Zweck jeder Unternehmensanwendung ist die Darstellung, bzw. die Manipulation von Daten. In den hier betrachteten Webapplikationen erfolgt die endgültige Beschaffung und Manipulation bestimmter Daten innerhalb eines SAP R/3 Systems. Die Funktionslogik für den Zugriff auf Datenbanken und die Aufbereitung von Daten ist in so genannten Funktionsbausteinen implementiert, die über ihre Schnittstellen Daten entgegennehmen bzw. zur Verfügung stellen können. Der Datenaustausch zwischen dem R/3 System und der Web Dynpro- bzw. Portlet-Applikation erfolgt über eine einheitliche von der SAP zur Verfügung gestellte Schnittstelle, dem *SAP Java Connector*.

   Die Grundlagen der Programmierung von Funktionsbausteinen, sowie wesentliche Konzepte zur Datenhaltung in SAP R/3 Systemen und dem Datenaustausch zwischen R/3 Systemen und Webapplikationen werden in diesem Kapitel näher erläutert.

5. Authentifizierung und Autorisierung von Benutzern einer Webapplikation

   Dem Thema *Authentifizierung und Autorisierung* kommt heute in nahezu jeder größeren Softwareapplikation eine bedeutende Rolle zu. Kapitel 6 erläutert daher die wichtigsten Mechanismen, um Benutzer von Web Dynpro- und Portlet-Applikationen authentifizieren und autorisieren zu können. Auch der zur J2EE Architektur gehörende *Java Authentication and Authorization Service (JAAS)* wird in diesem Kapitel kurz vorgestellt.

6. Fazit

   Als Zusammenfassung und Beurteilung kann das letzte Kapitel dieser Diplomarbeit betrachtet werden. Die behandelten Themen werden zunächst kapitelweise analysiert. Anschließend folgt ein kurzer Überblick mit möglichen Erweiterungsansätzen für diese Arbeit. Das Kapitel endet schließlich mit einer abschließenden Beurteilung der SAP Web Dynpro- und der IBM Portlet-Technologie.

2 SAP Web Dynpro und IBM Portlets

2.1 Grundlagen

Um die in diesem Kapitel vorgestellten Softwaretechnologien besser verstehen zu können, ist es wichtig sich zunächst über einige Grundlagen zu informieren. Diese werden in den folgenden drei Abschnitten kurz vorgestellt und gelten sowohl für SAP Web Dynpro, als auch für IBM Portlets.

2.1.1 Der J2EE Standard

SAP Web Dynpro- und IBM Portlet-Applikationen basieren auf dem J2EE Standard. Der Begriff *J2EE* steht für Java 2 Platform Enterprise Edition und bezeichnet eine von der Firma Sun Microsystems entworfene Standardarchitektur, für die Entwicklung und den Einsatz verteiler Unternehmensanwendungen.

J2EE Applikationen werden in der Programmiersprache Java implementiert und sind in der Regel aus einzelnen, wiederverwendbaren Komponenten aufgebaut. Konkret kann es sich dabei um Java Applets, Java Server Pages (JSP), Java Servlets und Enterprise Java Beans (EJB) handeln. Die für den Betrieb von J2EE Applikationen benötigte Infrastruktur wird durch einen Applikationsserver bereitgestellt, welcher die in [Sun03] spezifizierte Architektur aufweist. Neben der von Sun Microsystems zur Verfügung gestellten Referenzimplemetierung, gibt es mittlerweile eine ganze Reihe von Softwareherstellern die eigene J2EE konforme Applikationsserver anbieten. [Sun06a] gibt eine Übersicht der von Sun Microsystems zertifizierten J2EE Applikationsserver.

Ein J2EE Applikationsserver ist in verschiedene logische Komponenten aufgeteilt, die als Container bezeichnet werden. Container dienen als Laufzeitumgebungen für die ihnen zugeordneten Komponenten. So ist beispielsweise der

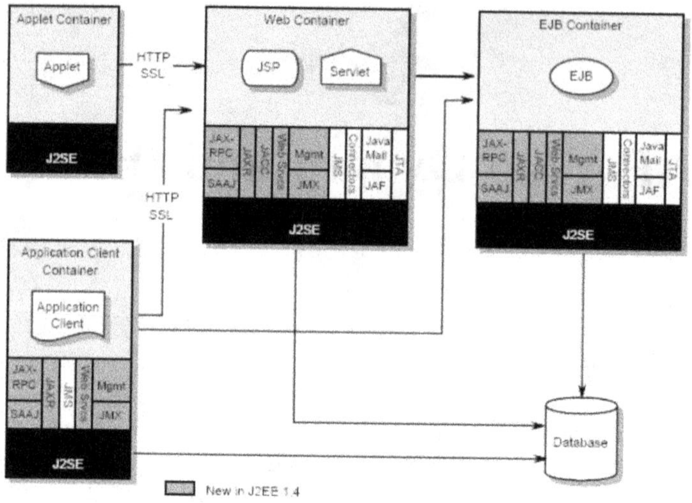

Abbildung 2.1: J2EE Architektur nach [Sun03]

Web Container als Laufzeitumgebung für JSPs und Servlets vorgesehen, während im EJB Container Enterprise Java Beans ausgeführt werden. Die Container stellen darüber hinaus verschiedene Dienste zur Verfügung, die von den Komponenten genutzt werden können, um bestimmte Aufgaben zu erledigen. So wird für die Verbindung zu einer Datenbank der *JDBC Dienst* verwendet. *Java Mail* erlaubt den Zugriff auf verschiedene Mailservices und der *JAAS*, der in Kapitel 6 ausführlich behandelt wird, kann zur Authentifizierung und Autorisierung in J2EE Applikationen eingesetzt werden. Sämtliche zur Verfügung stehenden Dienste sind in [Sun03] aufgeführt und beschrieben.

2.1.2 Die Eclipse Entwicklungsumgebung

Schlägt man den aus der englischen Sprache stammenden Begriff *Eclipse* in einem Englisch - Deutsch Wörterbuch nach, so erhält man als Übersetzung die Worte *Verfinsterung* oder *Verdunkelung*. In der IT-Welt bezeichnet Eclipse hingegen eine offene (im Sinne von Open-Source-Software) und universell erweiterbare Softwareentwicklungsumgebung. Laut Erich Gamma, der maßgeblich an der Enwicklung von Eclipse beteiligt war, soll der Name auf die übermächtige, *alles Andere in den Schatten stellende* Wirkung von Eclipse gegenüber proprietären Softwareentwicklungsumgebungen hinweisen. [1]

Eclipse ist der Nachfolger der Java-Entwicklungsumgebung *IBM Visual Age* und wurde 1999 zunächst noch als Closed-Source-Software bei der IBM Corporation entwickelt. Erst Ende 2001 wurde der Quellcode von Eclipse unter der Common Public License (CPL) freigegeben und die Eclipse Foundation, ein aus neun Softwareunternehmen bestehendes Konsortium gegründet, um die Weiterentwicklung und Verbreitung von Eclipse zu fördern. Seit ihrer Gründung wächst die Eclipse Foundation beständig und auch von der Entwicklungsumgebung erscheinen kontinuierlich neue Versionen.

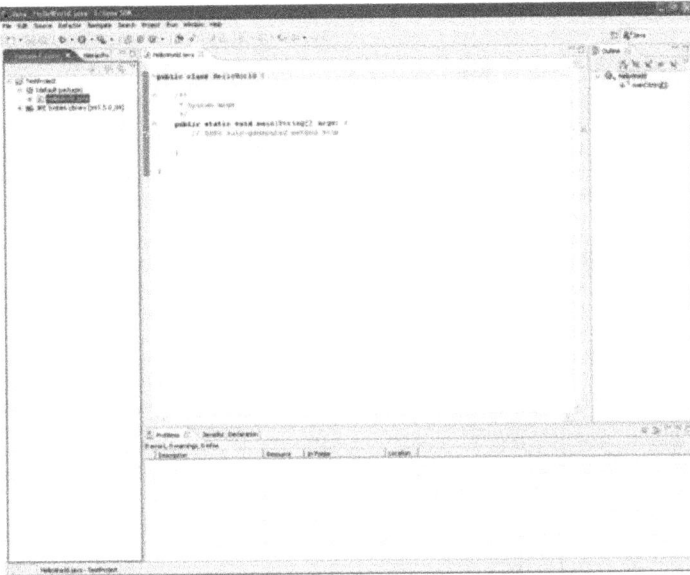

Abbildung 2.2: Eclipse Workbench

Das wichtigste Merkmal der Eclipse Umgebung ist ihre offene und erweiterbare Architektur, die es anderen Softwareherstellern ermöglicht, sehr einfach eigene Softwareentwicklungswerkzeuge in Eclipse zu integrieren. Die einfache Erweiterbarkeit ergibt sich dadurch, dass die Eclipse Umgebung ausschließlich aus so genannten Plugins aufgebaut ist. Ein Plugin ist eine Art Modul, das

---

[1] Übersetzt man *Eclipse* mit *Sonnenfinsternis*, wie es auch durch das Eclipse-Logo suggeriert wird, so ergibt sich ein besonderer Seitenhieb auf den IBM Konkurrenten Sun Microsystems bzw. dessen Java-Entwicklungsumgebung NetBeans, die ähnliche Eigenschaften wie Eclipse aufweist.

eine bestimmte Funktionalität bereitstellt (z.B. einen Debugger für die Fehlersuche in Java Programmen). Neue Plugins können bestimmte Schnittstellen (Extension Points) bereits vorhandener Plugins verwenden und so deren Funktionalität erweitern. In einer XML Datei muss jedes Plugin definieren, welche anderen Plugins es erweitert, welche Extension Points es dafür verwendet und welche Extension Points es anderen Plugins zur Verfügung stellt. Wie bereits erwähnt, besteht die gesamte Architektur der Eclipse Umgebung aus einzelnen Plugins. Das Eclipse Laufzeitsystem stellt die Wurzel dieser Plugin-Hierarchie dar und ist als einziger Teil der Umgebung nicht vollständig als Plugin realisiert.

2.1.3 Das MVC Entwurfsmuster

Der Entwurf von Softwareapplikationen erfordert oft die Lösung von Problemen, die so oder so ähnlich bereits in anderen Projekten aufgetreten sind und auch in zukünftigen Projekten immer wieder auftreten werden. Um das Rad nicht ständig neu erfinden zu müssen, gibt es für viele dieser Probleme vorgefertigte und bewährte Lösungsvorschläge, so genannte Entwurfsmuster (engl. Design Patterns). Sie geben dem Softwareentwickler eine grobe Anleitung zur Strukturierung der zu entwickelnden Software.

Sowohl SAP Web Dynpro- als auch IBM Portlet-Applikationen sind nach dem Model-View-Controller (MVC) Entwurfsmuster aufgebaut, welches 1979 von dem Norweger Trygve Reenskaug am *Xerox Palo Alto Research Center (PARC)* entwickelt wurde. Das MVC Entwurfsmuster sieht eine strikte Trennung von Oberflächen- (View), Verarbeitungs- (Controller) und Datenbeschaffungslogik (Model) vor. Applikationen die nach diesem Ansatz entworfen wurden, können unkompliziert verändert und erweitert werden. Auch die Wiederverwendung oder der Austausch einzelner Komponenten ist ohne großen Aufwand möglich.

Erläuterungen zum MVC-Ansatz sind unter Anderem in [Whe05], [KTD05] und [Wik06b] zu finden. In Anlehnung an [Wik06b] ergeben sich für die einzelnen Komponenten des Musters folgende Definitionen:

Model Das Model enthält die persistenten Daten der Anwendung und hat dementsprechend Zugriff auf einen oder mehrere Datenspeicher (in der Regel Datenbanken). Am Model müssen Views registriert werden, um die Daten darstellen zu können.

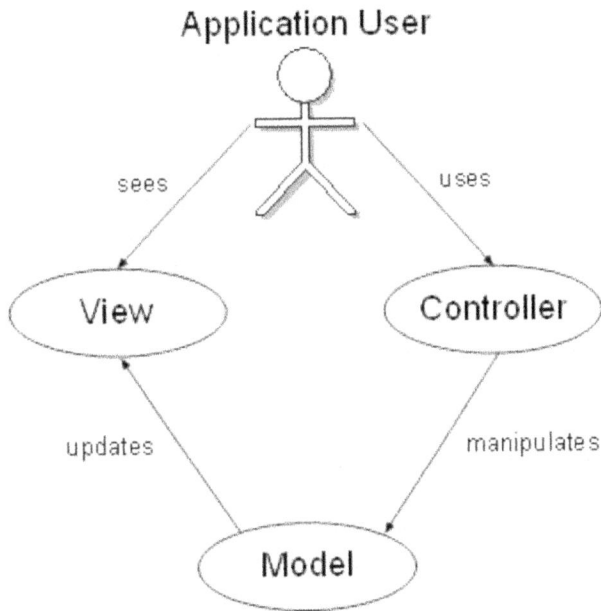

Abbildung 2.3: MVC Entwurfsmuster

View Der View dient zur Präsentation der vom Model gehaltenen Daten (in der Regel als Bildschirmausgabe). Jeder View ist an einem Model registriert. Ändern sich die Daten des Models, wird der View von einen Updatemechanismus über die Veränderungen informiert, um sich aktualisieren zu können.

Controller Der Controller ist für die Steuerung und Verarbeitung von Benutzereingaben die auf dem View getätigt wurden zuständig. Er steuert somit den Ablauf der Applikation und hat außerdem schreibenden Zugriff auf das Model, um dieses gegebenenfalls verändern zu können (z.B. um Datensätze anzulegen, zu verändern oder zu löschen).

2.2 SAP Web Dynpro

Dieser Abschnitt behandelt die Softwaretechnologie SAP Web Dynpro. Es erfolgt zunächst eine kurze Einführung in das Konzept der SAP NetWeaver Plattform, die Web Dynpro als integralen Bestandteil beinhaltet. Anschließend wird das SAP NetWeaver Developer Studio vorgestellt, das ebenfalls ein Bestandteil von NetWeaver ist und als Entwicklungsumgebung für Web Dynpro-Applikationen eingesetzt wird. Schließlich wird die Architektur von Web Dynpro-Applikationen genauer betrachtet und Besonderheiten bei der Entwicklung aufgezeigt.

2.2.1 SAP NetWeaver

SAP NetWeaver ist eine „offene Integrationsplattform zur Optimierung von Prozessen über Unternehmensgrenzen hinweg" [KTD05]. Die Motivation eine solche Plattform zu erschaffen, ergab sich im Wesentlichen aus der Notwendigkeit, Daten aus verschiedenen Systemen gemeinsam nutzen zu können. Vor allem in vielen größeren Unternehmen finden sich heutzutage sehr heterogene IT-Systemlandschaften, die oft historisch bedingt entstanden sind (z.B. durch die Entwicklung von individuellen Softwarelösungen für einzelne Unternehmensabteilungen).

Die Integration von verschiedenen Systemen ist bei NetWeaver auf die drei Ebenen *People Integration*, *Information Integration* und *Process Integration* verteilt. Als vierte Ebene zeigt Abbildung 2.4 die *Application Platform*, die als Laufzeit- und Entwicklungsumgebung für jegliche Art von Geschäftsprozessen dient.

Die Bedeutung der einzelnen Ebenen wird im Folgenden näher erläutert:

People Integration

Die wichtigste Komponente der People Integration ist das SAP Enterprise Portal (SAP EP). Es bietet den Mitarbeitern eines Unternehmens Zugriff auf sämtliche von ihnen benötigten Ressourcen (Applikationen, Informationen) und steuert darüber hinaus die Authentifizierung und Autorisierung der Mitarbeiter.

Üblicherweise meldet sich ein Mitarbeiter durch Angabe seiner Benutzerkennung und des dazugehörigen Passworts am Portal an. Die seiner Benutzerkennung zugeordneten Rechte und Rollen, legen fest welche Applikationen und Informationen der Mitarbeiter benutzen bzw. einsehen darf. Beispielsweise könnte ein Mitarbeiter der Einkaufsabteilung Zugriff auf eine Applikation haben, mit der er bei einem Zulieferer des Unternehmens Produkte bestellen kann. Auf der gleichen Oberfläche hat er aber auch die Möglichkeit, mit einer anderen Applikation, die Rechnungen des Zulieferers zu bearbeiten. Außerdem könnte ihm das Portal noch die Möglichkeit bieten, sein persönliches Email-Postfach abzufragen, sowie aktuelle Unternehmensnachrichten zu lesen. Das Enterprise Portal stellt also eine Art *persönliche Arbeitsumgebung* für jeden Mitarbeiter des Unternehmens dar.

Die verschiedenen Applikationen und Informationen werden im SAP Enterprise Portal durch sogenannte *iViews (integrated Views)* repräsentiert. iViews stellen ähnlich wie Portlets, in sich abgeschlossenen Unternehmensanwendungen dar und sind in der Lage untereinander zu kommunizieren und Daten auszutauschen. Auch Web Dynpro-Applikationen lassen sich als iViews in das SAP Enterprise Portal einbinden.

Information Integration

Die Ebene Information Integration enthält die Komponenten *Knowledge Management*, *Business Intelligence* und *Master Data Management*.

Das Knowledge Management beschäftigt sich mit der Bereitstellung von unstrukturierten Informationen, die in der Regel in Dokumenten verschiedener Art im Unternehmen vorliegen (z.B. Sammlungen von Excel-, PowerPoint-, oder Word-Dateien). Der Zugriff auf zusammengehörige Dokumente wird durch die Veröffentlichung in so genannten *Collaboration Rooms* ermöglicht,

12

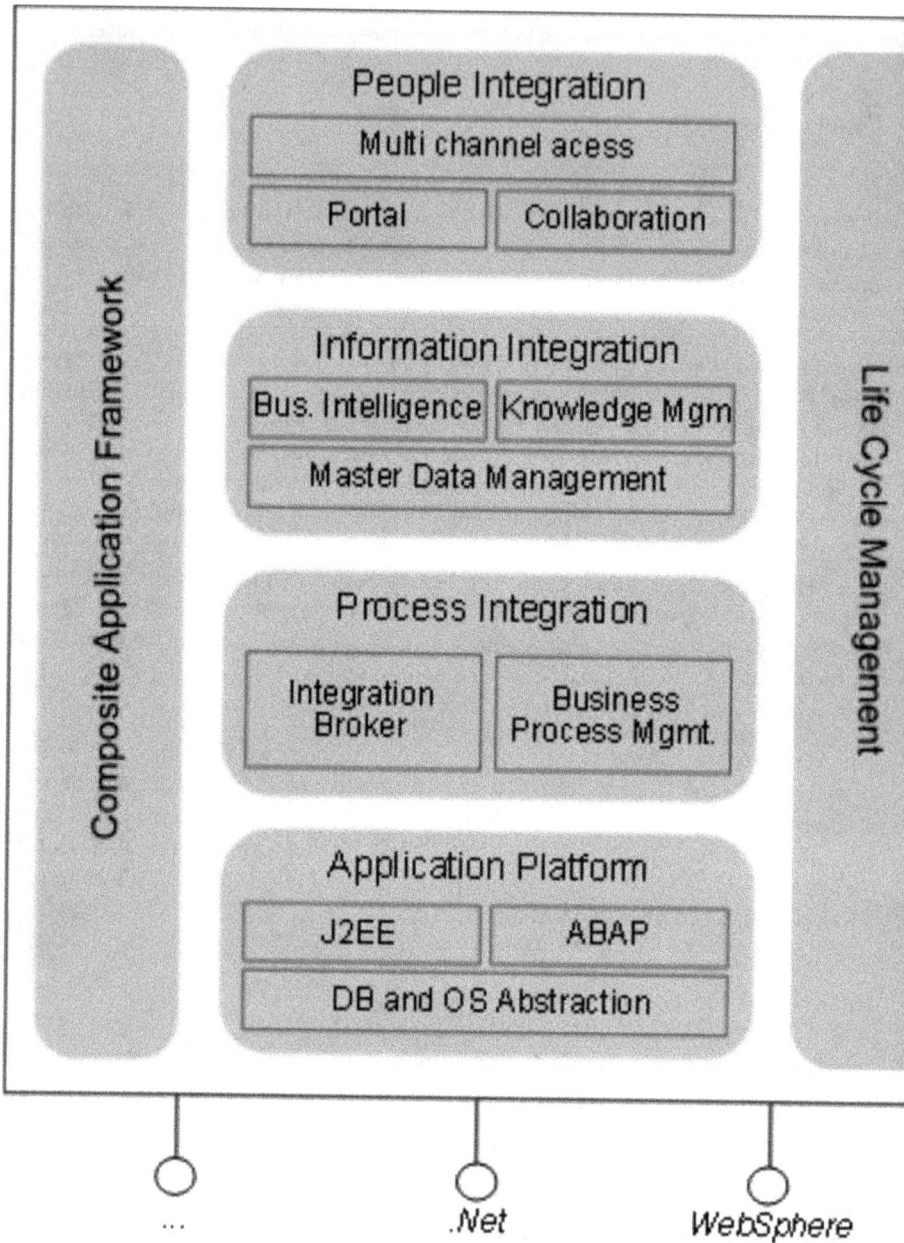

People Integration

Multi channel acess

| Portal | Collaboration |

Information Integration

| Bus. Intelligence | Knowledge Mgm |

Master Data Management

Process Integration

| Integration Broker | Business Process Mgmt. |

Application Platform

| J2EE | ABAP |

DB and OS Abstraction

Composite Application Framework

Life Cycle Management

...   .Net   WebSphere

Abbildung 2.4: SAP NetWeaver Plattform

[KTD05] Seite 26. Ein *Collaboration Room* ist vom Aufbau her einem typischen Internet-Forum nachempfunden und stellt technisches gesehen einen Container für Dokumente dar. Zusätzlich lassen sich jedoch projektspezifische Daten wie Kalender, Tasklisten usw. in einen solchen Raum einbinden.

Die Business Intelligence (BI) Komponente wird für die gezielte Auswertung und Analyse von Unternehmensinformationen eingesetzt. Durch *Online Analytical Processing (OLAP) Verfahren* werden aus der oftmals vorherrschenden enormen Informationsfülle, die benötigten Informationen selektiert, verdichtet und anschaulich aufbereitet, so dass sie im Enterprise Portal angezeigt werden können.

Das Master Data Management (MDM) dient hauptsächlich zur Konsolidierung von Stammdaten (wie z.b. Kunden, Lieferanten, Mitarbeiter, Materialien usw.). Diese werden zentral im MDM gehalten und können bei Bedarf in andere Komponenten und Systeme verteilt werden.

Process Integration

Die Process Integration Ebene stellt die *SAP Exchange Infrastructure (SAP XI)* zur Verfügung, um systemübergreifende Prozesse in die NetWeaver Plattform zu integrieren. Folgende Dienste werden dazu von der SAP XI angeboten:

- Messaging
  Zuverlässige Übertragung von Nachrichten zwischen Sender und Empfänger.

- Routing
  Übermittlung der Nachrichten an den richtigen Empfänger.

- Mapping
  Transformation der Nachricht, falls Sender und Empfänger nicht die gleichen Nachrichtenformate verwenden.

- Business Process Management
  Modellierung des Kommunikationsablaufs zwischen mehreren, an einem Prozess beteiligten Systemen, so dass eine ausführbare Prozessbeschreibung entsteht.

Eine Reihe von Komponenten implementiert diese Dienste und einige weitere Hilfsfunktionen. Die SAP XI beinhaltet:

- Diverese Design- und Konfigurationswerkzeuge zur Definition von Prozessen und zur Konfiguration der Systemlandschaft.

- Einen Integration Server der für Messaging, Routing und Mapping zuständig ist.

- Die Business Process Engine zur Ausführung einer Prozessbeschreibung.

- Verschiedene Adapter für die Anpassung der beteiligten Systeme (z.B. die Anpassung von Protokollen).

- Monitoring-Werkzeuge, um den reibungslosen Betrieb sicherstellen und überwachen zu können.

Mit diesen Diensten und Komponenten kann die SAP Exchange Infrastructure Applikationen verschiedener Hersteller miteinander verbinden und so die Kommunikation und den Datenaustausch zwischen diesen Applikationen gewährleisten.

Application Platform

Der SAP Web Application Server (SAP Web AS)[2] ist die technische Basis, auf der die Komponenten der People-, Information- und Process-Integration aufsetzen. Als vollständig installierter Server verfügt der Web AS sowohl über eine Java-, als auch über eine ABAP-Laufzeitumgebung. Beide Umgebungen lassen sich aber auch jeweils einzeln installieren. So können bestehende ABAP-Applikationen ohne Probleme weiterhin betrieben werden, auch wenn die SAP für die eigene Softwareentwicklung langfristig den J2EE Standard bevorzugen will. Insbesondere neue Applikationen sollen in der Programmiersprache Java implementiert werden. Neben den bekannten J2EE Techniken wie JSP, Servlets und EJB, steht dabei vor allem die Web Dynpro Technologie im Vordergrund.

Weitere Informationen und detaillierte Erläuterungen zum Thema *SAP NetWeaver* sind in [KTD05] auf den Seiten 17 - 35 zu finden.

---

[2]Offiziell wurde der Server von der SAP in *SAP NetWeaver Application Server* umbenannt. Diese Bezeichnung hat sich allerdings noch nicht durchgesetzt, weshalb in dieser Diplomarbeit der alte Name des Servers verwendet wird

2.2.2 Das SAP NetWeaver Developer Studio

Zur Entwicklung J2EE konformer Unternehmensapplikationen für die Net-
Weaver Plattform stellt die SAP eine eigene Softwareentwicklungsumgebung
zur Verfügung, das *SAP NetWeaver Developer Studio (SAP NWDS)*. Das
Developer Studio basiert auf der Eclipse Entwicklungsumgebung, die bereits
weiter oben vorgestellt wurde, und erweitert diese um essentielle Funktionali-
täten zur Unterstützung großer Softwareprojekte, insbesondere zur verteilten
Softwareentwicklung in großen, geografisch getrennten Teams.

Aufbau und Benutzung

Der Aufbau der Benutzungsoberfläche des NWDS orientiert sich stark an
Eclipse, abstrahiert aber von der dort üblichen Datei- und Verzeichnisbasier-
ten Sicht durch die Darstellung der Entwicklungsobjekte in logischen Sichten.
Die Oberfläche besteht aus ein oder mehreren Fenstern (Windows), in denen
jeweils eine so genannte Perspektive dargestellt wird. Perspektiven beinhal-
ten eine Werkzeugleiste (Toolbar) und setzen sich aus verschiedenen Views
und Editoren zusammen. Editoren sind dabei für die Programmierung bzw.
Bearbeitung von Entwicklungsobjekten gedacht, während Views Informationen über selbige darstellen. Üblich sind Views zur strukturierten Anzeige von
Daten („Baumansichten") und zur Anzeige von Objekteigenschaften. Eine Perspektive bietet für jede Art von Entwicklungsprojekt eine bestimmte Zusammenstellung von Views und Editoren, sowie eine angepasste Werkzeugleiste.

Entwicklungsprojekte enthalten sämtliche für das jeweilige Projekt benötigten
Ressourcen (Dateien) in gruppierter Form. Dabei werden die Ressourcen klar
voneinander abgegrenzt, so dass beispielsweise in Web Dynpro-Projekten keine
Enterprise Java Beans angelegt werden können, in Webservice Projekten keine
JavaServer Pages usw. Das Erstellen von Projekten und das Anlegen einzelner
Entwicklungsobjekte innerhalb von Projekten erfolgt in der Regel über Wizards. Diese dienen vor allem dazu, den Entwicklungsprozess zu beschleunigen
und Fehlerfreiheit für den generierten Quellcode zu garantieren. Ein Wizard
besteht meistens aus mehreren Dialogschritten, die zum Anlegen eines Projekts durchlaufen werden müssen. In jedem Dialogschritt müssen bestimmte
Einstellungen vorgenommen werden (einige sind auch optional), die dann bei
der Generierung des Programmcodes entsprechend berücksichtigt werden.

Gespeichert werden die Projektressourcen in Form von Metadaten in einem
lokalen Verzeichnis, dem so genannten *Workspace.* Jeder Benutzer des Developer Studios hat seinen eigenen Workspace, dessen Position bei der ersten Ver-

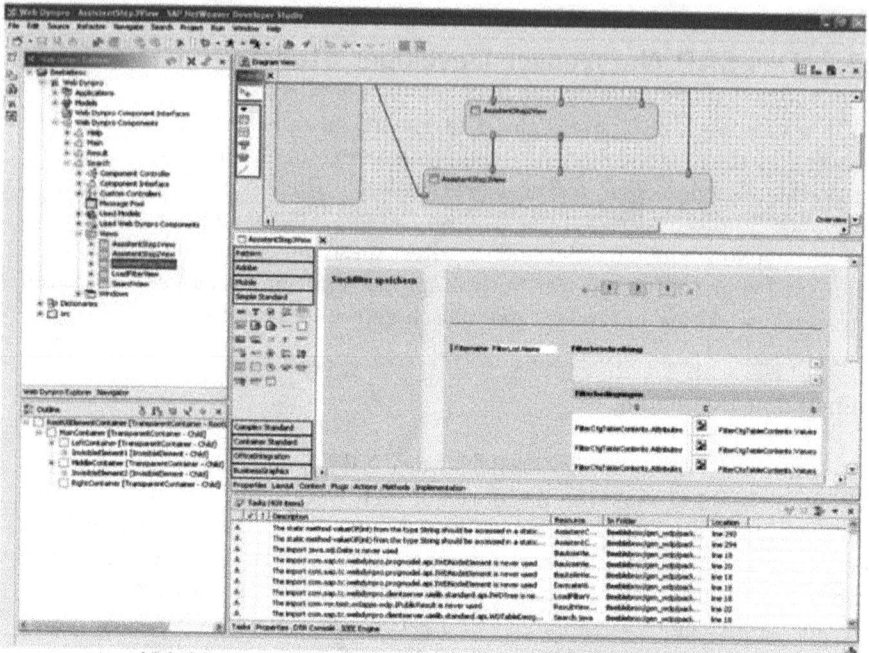

Abbildung 2.5: SAP NWDS - Web Dynpro Perspektive

wendung der Entwicklungsumgebung festgelegt werden muss. In dem in jeder Perspektive vorhandenen *Navigator View* werden sämtliche im Workspace gespeicherten Projekte angezeigt. Daneben existiert in den meisten Perspektiven ein *Explorer View*, der eine logische Sicht auf die der Perspektive zugeordneten Entwicklungsobjekte zeigt (z.B. werden im Web Dynpro Explorer nur Web Dynpro Projekte angezeigt, im J2EE Explorer nur J2EE Projekte usw.).

Wichtige Entwicklungsperspektiven

Nachfolgend werden die wichtigsten Entwicklungsperspektiven des SAP NetWeaver Developer Studios kurz vorgestellt:

- Web Dynpro Perspektive
  Diese Perspektive stellt alle wichtigen Tools für die Entwicklung von Web Dynpro-Applikationen zur Verfügung. Sie wird weiter unten in diesem Kapitel ausführlich behandelt.

- J2EE Perspektive
  Der J2EE Perspektive sind drei verschiedene Projektarten zugeordnet:

17

- EJB Modul Projekte für die Entwicklung von Enterprise Java Beans. Die Ergebnisse werden in einem *Java Archive (JAR)* abgelegt.

- Web Modul Projekte für die Entwicklung von dynamischen Webapplikationen. Sämtliche erstellte Objekte werden in einem *Web Archive (WAR)* abgelegt.

- Enterprise Application Projekte welche die benötigten Java- und Web-Archive in einer Gesamtanwendung zusammenfassen und in einem *Enterprise Archive (EAR)* ablegen.

Zentraler Bestandteil der Perspektive ist der J2EE Explorer, welcher die bereits erwähnte logische Sicht auf J2EE Projekte bietet. Von hier aus lassen sich verschiedene Views und Editoren zur Bearbeitung von J2EE Entwicklungsobjekten starten, wie beispielsweise der *EJB Editor*, der den Zugriff auf die einzelnen Bestandteile einer Enterprise Java Bean ermöglicht. Eine Übersichtsseite dient dabei als „Absprungpunkt" für die Bean Klasse und die verschiedenen Interfaces. Mithilfe des *JSP Editors* können JavaServer Pages und HTML-Seiten erstellt werden. Der Editor verfügt über einige sehr nützliche Features, wie *Syntax Highlighting*, *Code Completion* (automatische Vervollständigung von Programmcode) und eine Preview-Anzeige.

- Webservices Perspektive
  Die Webservices Perspektive wird sowohl für die Definition von Webservice Providern, als auch bei der Nutzung von Webservices durch Clients eingesetzt. Auch eine Testumgebung für Webservices steht zur Verfügung. Darüber hinaus wird der Entwickler bei der Veröffentlichung seines Webservices in einem *Universal Description, Discovery and Integration (UDDI)* Verzeichnisdienst unterstützt.[3]

- Development Configuration Perspektive
  In dieser Perspektive wird der Softwareentwickler bei der Arbeit mit der *SAP Java Development Infrastructure (SAP JDI)*[4] unterstützt. Die Development Configuration Perspektive beinhaltet im Wesentlichen Views zur Darstellung von Repository Inhalten.

---

[3]Weitere Informationen zum Thema Webservices finden sich in [KTD05] auf den Seiten 181 - 229

[4]Die JDI wurde zur Unterstützung und Kontrolle großer Softwareprojekte geschaffen und beinhaltet unter anderem ein Versionsverwaltungssystem. Eine ausführliche Beschreibung findet sich in [KTD05]

Die Web Dynpro Perspektive

Web Dynpro-Applikationen werden üblicherweise in der Web Dynpro Perspektive entwickelt. Diese wird nach dem Anlegen eines Web Dynpro Projekts automatisch geöffnet und enthält eine Reihe wichtiger Werkzeuge, die den Entwickler beim Entwerfen und Implementieren der Applikation sinnvoll unterstützen.

Zentraler Bestandteil der Web Dynpro Perspektive ist der *Web Dynpro Explorer*. Er wird links oben im Fenster angezeigt und bietet eine logische, als Baumstruktur aufgebaute, Sicht auf sämtliche im Workspace vorhandene Web Dynpro Projekte und die dazugehörigen Entwicklungsobjekte. Ein Doppelklick auf eines der Objekte öffnet das entsprechende Bearbeitungswerkzeug. Zu den wichtigsten Werkzeugen gehören:

- Der *Data Modeler* (Doppelklick auf eine Web Dynpro Component)
  Dieses Werkzeug bietet eine Übersicht der Web Dynpro Component (siehe Abschnitt 2.2.3) in Form einer grafischen Darstellung. Gezeigt werden die vorhandenen Models, Views und Controller, sowie die zwischen ihnen existierenden Beziehungen. Diese können mit dem Data Modeler auch verändert werden. Ebenso lassen sich weitere Models, Views und Controller zur Applikation hinzufügen bzw. aus der Applikation entfernen.

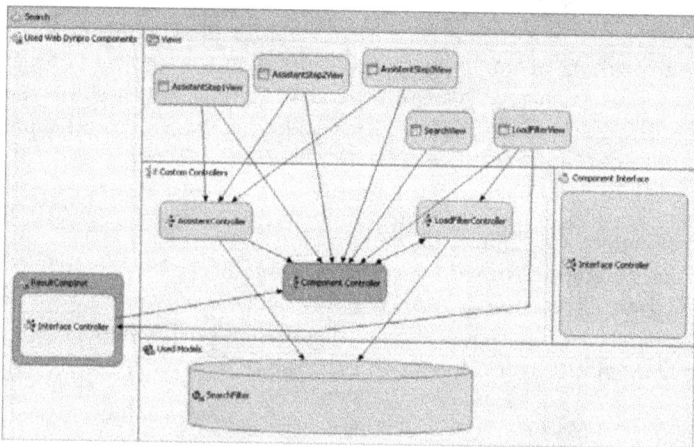

Abbildung 2.6: SAP NWDS - Data Modeler

- Der *Navigation Modeler* (Doppelklick auf ein Window-Ojekt) Der Navigation Modeler dient zur Veranschaulichung und Festlegung der Navigation zwischen den einzelnen Views einer Web Dynpro Component. Neue Navigationsbeziehungen können durch das Setzen und anschließende Verbinden so genannter Inbound- und Outbound-Plugs definiert werden. Auch das Löschen und Verändern vorhandener Navigationsbeziehungen ist möglich.

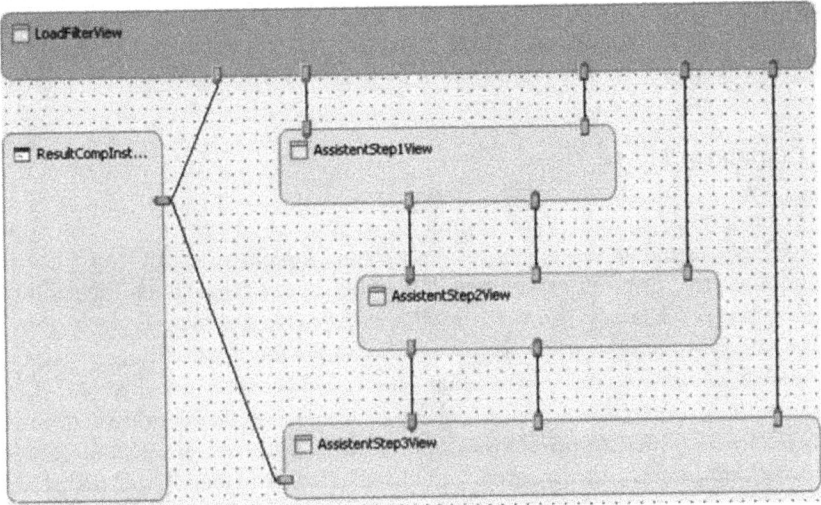

- Der *View Designer* (Doppelklick auf ein View-Objekt) Der View Designer wird zur Gestaltung der grafischen Benutzungsoberfläche eines Views verwendet. Es wird eine Vielzahl vordefinierter Oberflächenelemente angeboten, die per „Drag & Drop" dem Arbeitsbereich zur Erstellung der Oberfläche hinzugefügt werden können.

- Der *Context Editor* (Gehört zum View Designer) Zur Definition eines View- bzw. Controller-Contextes wird der Context Editor verwendet. Ein Context hält zur Laufzeit der Applikation die in einem View bzw. Controller benötigten Daten.

2.2.3 Die SAP Web Dynpro Architektur

Um eine Web Dynpro-Applikation sinvoll designen und entwickeln zu können, ist es wichtig, die generelle Form und Struktur der Web Dynpro Technologie zu verstehen. Dieser Abschnitt bietet daher in Anlehnung an [Whe05] und [KTD05] einen groben Einblick in die wesentlichen Aspekte der Web Dynpro Architektur.

Die Basis jeder Web Dynpro-Applikation bildet eine Ansammlung zueinander in Beziehung stehender Java Klassen. Spätestens vor der Auslieferung (Deployment) der Applikation auf einen Server, werden diese Java Klassen in einer EAR-Datei (Enterprise Archive) zusammengefasst und bilden damit eine J2EE konforme Unternehmensanwendung. Diese kann anschließend auf einem J2EE-Applikationsserver ausgeführt werden. Dafür wird allerdings das *Web Dynpro Framework (WDF)* benötigt, das als Laufzeitumgebung für Web Dynpro Applikationen dient und auf dem Server installiert sein muss.

Components

Während der Erstellung der Applikation werden von einem Web Dynpro Entwickler nur einige wenige Java Klassen zur Implementierung von Funktionslogik benutzt. Der Entwickler arbeitet dabei in der Regel auch nicht direkt mit diesen Java Klassen, sondern nutzt die ihm von der Web Dynpro Perspektive zur Verfügung gestellte logische Sicht auf seine Entwicklungsobjekte (siehe auch vorherigen Abschnitt). Aus dieser Sicht betrachtet besteht eine Web Dynpro Applikationen aus in sich abgeschlossenen, wiederverwendbaren Einheiten, den *Web Dynpro Components*. Jede Applikation enthält mindestens eine Component, in größeren Projekten werden in der Regel mehrere Components eingesetzt. Die wesentlichen Bestandteile einer Web Dynpro Component sind:

- ein oder mehrere Controller, wobei immer mindestens der Component Controller existieren muss.

- mindestens ein View, meistens werden mehrere Views in einer Component angelegt.

- ein oder mehrere von der Component verwendete Models.

- das *Component Interface* bzw. der *Component Interface Controller*, der den einzigen äußeren Zugang zur Component darstellt.

Die Lebensdauer einer Component zur Laufzeit der Applikation kann entweder durch das Web Dynpro Framework, oder durch die Applikation selbst kontrolliert werden. Das WDF erzeugt und zerstört Component-Instanzen automatisch, je nach Bedarf. Wird die Kontrolle von der Applikation übernommen, liegt es in der Verantwortung des Entwicklers, Instanzen der Component zum gegebenen Zeitpunkt zu erzeugen bzw. zu löschen.

Components können untereinander Verwendungsbeziehungen definieren. Eine *Component A* kann eine *Component B* verwenden, indem der Component

Controller von A den Component Interface Controller von B explizit als verwendeten Controller angibt. Da der Interface Controller die einzige Schnittstelle einer Component nach außen ist, kann A nur Methoden aus B's Interface Controller aufrufen. Ein direkter Zugriff auf den Component Controller oder die Views von B ist nicht möglich.

Controller

Der Aufbau einer Component folgt weitestgehend dem MVC Entwurfsmuster. Einige kleinere Unterschiede zum ursprünglichen Ansatz von Trygve Reenskaug sind jedoch vorhanden. So gibt es beispielsweise keinen Updatemechanismus, der einen View über die Veränderungen am zugehörigen Model informiert. Überhaupt ist es eher unüblich, einen View direkt an einem Model zu registrieren. Stattdessen wird ein *Custom Controller* zur Kommunikation und zum Datenaustausch zwischen View und Model eingesetzt. Dabei handelt es sich meistens um den Hauptcontroller der Component, den *Component Controller*, dessen wesentliche Aufgabe darin besteht, Daten so aufzubereiten, dass sie „präsetationsfertig" (vom Model kommend) an den View, bzw. „einlesefertig" (vom View kommend) an das Model übergeben werden können. Prinzipiell kann auch jeder „normale" Custom Controller diese Aufgabe übernehmen, insbesondere [Whe05] empfiehlt jedoch zur Wahrung eines guten Designs, weitere Custom Controller nur sehr spärlich einzusetzen.

Jeder Controller verfügt über einen flüchtigen Datenspeicher, in dem üblicherweise sämtliche zur Laufzeit vorhandenen Daten des Controllers gehalten werden. Dieser Datenspeicher wird als *Context* bezeichnet. Seine baumartige Struktur besteht aus Knoten und Attributen die den Konten zugeordnet sind und kann sowohl zur Design-, als auch zur Laufzeit der Applikation verändert werden. Mittels des so genannten *Context Mapping* können Contexte bzw. Teile davon miteinander verbunden werden. Ist ein Context an einen anderen Context „gemappt", sind die Daten in beiden Contexten immer gleich, das heisst, wenn in einem Context eine Veränderung vorgenommen wird, wird diese quasi unmittelbar auch für den „gemappten" Context vorgenommen.

Die Methode des Context Mapping ist vor Allem für die Datenverteilung von einem Component Controller (oder jedem anderen Custom Controller) zu einem View interessant. Jeder View hat nämlich einen eigenen Controller, der ebenfalls über einen eigenen Context verfügt. Die aus dem Model kommenden Daten können also im Component Controller „präsentationsfertig" aufbereitet und im Context des Controllers abgelegt werden. Der Context des View Controllers kann nun an den des Component Controllers „gemappt" werden und enthält damit automatisch die fertig aufbereiteten Daten. Insbesondere die Verteilung derselben Daten an mehrere Views kann durch das Mapping sämtlicher View-Controller-Contexte an den Context des Component Controllers relativ unkompliziert durchgeführt werden.

Views

Views sind die Präsentations- und Kommunikationskomponenten einer Web Dynpro Applikation und setzen sich im Wesentlichen aus dem View Controller und einer Benutzungsoberfläche zusammen.

Die Benutzungsoberflächenelemente eines Views erlauben die direkte Anbindung einzelner Context-Attribute. Teilweise ist dies sogar zwingend vorgeschrieben. Beispielsweise wird ein Eingabefeld-Element auf der Benutzungsoberfläche inaktiv („ausgegraut") dargestellt, solange ihm kein Context-Attribut für den Eingabewert zugewiesen wurde. Diese Maßnahme sorgt dafür, dass eine Benutzereingabe immer in einem Context-Attribut gespeichert wird und sofern ein Context Mapping besteht, auch sofort im Component Controller des Views verfügbar ist.

Idealerweise enthält der Context eines View Controllers lediglich Knoten und Attribute, welche an die im View verwendeten Oberflächenelemente gebunden sind. View Controller sollen lediglich die in den Context-Attributen gespeicherten Benutzereingaben validieren und daher nach Möglichkeit keinerlei Funktionslogik implementieren, die für andere Aufgaben vorgesehen ist.

Ein View ist ein relativ isoliertes Objekt, das ausschließlich für die Interaktion der Applikation mit einem menschlichen Benutzer gedacht ist. Es kann niemals ohne einen zugehörigen Custom Controller existieren und seine Daten nicht mit einem anderen View austauschen (Ein Context Mapping zwischen zwei View Controllern ist also nicht möglich). Eine Navigation zwischen zwei Views muss explizit definiert werden. Dies geschieht durch die Festlegung bestimmter Eintritts- und Austrittspunkte (Inbound- und Outbound-Plugs), die miteinander verbunden werden (siehe auch vorherigen Abschnitt).

Models

Eine Web Dynpro Component kann ein oder mehrere in der Web Dynpro-Applikation definierte Models verwenden. Die Verwendung muss explizit festgelegt werden. Genauso wie im MVC Entwurfsmuster vorgesehen, sind Models in der Web Dynpro Technologie für die Bereitstellung von Daten verantwortlich. Die eigentliche Beschaffung der Daten (üblicherweise aus einer Datenbank) ist dabei innerhalb des Models implementiert und spielt für die Web Dynpro Applikation keine Rolle. Die Daten werden von einem Custom Controller über die Schnittstellen des Models abgefragt. Web Dynpro ermöglicht die Einbindung verschiedener Modelarten. Dazu zählen unter anderem:

- Remotefähige Funktionsbausteine und BAPIs eines SAP R/3 Systems
- Web Services
- Enterprise Java Beans

Application

Der eigentliche Zugang zu einer Web Dynpro-Applikation wird durch ein *Application-Objekt* dargestellt. Es enthält die URL zur Applikation, sowie eine Component und einen View mit denen die Applikation initialisiert wird.

Ein Application-Objekt kann mit bestimmten Einstellungen versehen werden, die das Verhalten der Web Dynpro-Applikation beeinflussen. SAP stellt vier vordefinierte Einstellungen zur Verfügung, darunter die sap.authentication-Einstellung, die es ermöglicht eine Authentifizierungsseite vor die Applikation zu schalten und die sap.logoffURL-Einstellung, die eine Webseite festlegt, welche unmittelbar nach dem Verlassen der Applikation angezeigt wird. Darüber hinaus kann die Applikations-URL mit mehreren Parametern aufgerufen werden, die an den *Default-Eventhandler* des Component Controller der Initial-Component übergeben werden. Die Definition von Methodenparamtern, die gleichnamig zu den URL-Parametern sind, sorgt dafür, dass die Inhalte der URL-Parameter automatisch in den Methodenparamtern gespeichert werden.

2.3 IBM Portlets

Im folgenden Abschnitt wird die IBM Portlet Technologie vorgestellt. Beginnend mit der IBM WebSphere Plattform werden zunächst essentielle Grundlagen der Softwareentwicklung mit IBM erörtert. Es folgt eine kurze Einführung in die Softwareentwicklungsumgebung *IBM Rational Application Developer*. Der Abschnitt endet schließlich mit einer ausführlichen Erläuterung der Architektur von IBM Portlet-Applikationen.

2.3.1 IBM WebSphere

Ebenso wie SAP NetWeaver ist IBM WebSphere eine Plattform zur Entwicklung und Integration von Unternehmensanwendungen. IBM WebSphere umfasst zahlreiche Softwareprodukte, die sich insgesamt sechs verschiedenen Kategorien zuordnen lassen (siehe auch Abbildung 2.8). So gibt es Software zur:

- *Modellierung* von Geschäftsfunktionen und -prozessen.
- *Transformation* von Applikationen, Prozessen und Daten.
- *Integration* von einzelnen Applikationen, Prozessen und Informationen.
- *Interaktion* mit Unternehmensressourcen, überall, zu jeder Zeit und mit jeder Art von Geräten.
- *Kontrolle und Steuerung* der Performanz.
- *Beschleunigung* der Implementierung von Prozessen.

Die Laufzeitumgebung für alle diese Softwareprodukte stellt eine serviceorientierte Infrastruktur dar, die als Hauptbestandteil den IBM WebSphere Application Server beinhaltet.

Laut [SGHM05] ist IBM WebSphere für Unternehmen jeder Art und Größe geeignet. So kann mit den WebSphere Produkten sowohl eine Applikation zur Steuerung und Verwaltung von Warenbeständen eines großen Unternehmens, als auch die Website eines kleinen Handwerksunternehmens, das lediglich über die angebotenen Dienstleistungen informieren möchte, erstellt werden. Dementsprechend werden viele WebSphere Produkte in unterschiedlichen Varianten bereitgestellt, so dass sich ein Unternehmen aus der Gesamtmenge der Produkte eine Palette zusammenstellen kann, die für die Lösung seiner Probleme am besten geeignet ist.

Die wichtigsten Produkte der WebSphere Familie werden nachfolgend kurz vorgestellt:

IBM WebSphere Application Server

Wie auch jeder andere Applikationsserver wird der IBM WebSphere Application Server als Laufzeitumgebung für Softwareapplikationen eingesetzt. Die aktuelle Version des Servers trägt die Nummer V6 und ist in drei Varianten verfügbar.

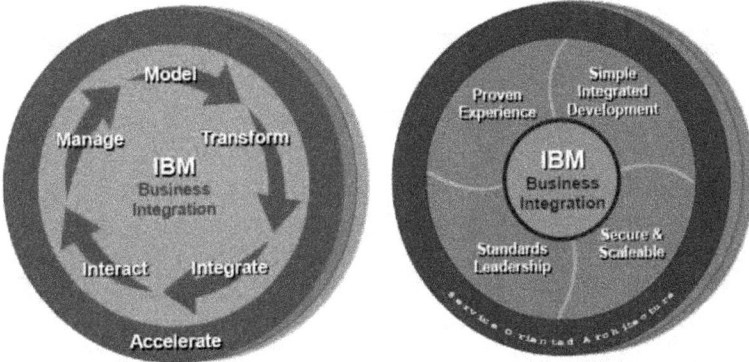

Key Products Supporting Integration Capabilities

Model business functions and processes	• WebSphere Business Integration Modeler
Transform applications, processes and data	• WebSphere Studio, Rational Developer • WebSphere Enterprise Modernization • WebSphere Business Integration Tools
Integrate islands of applications, processes and information	• WebSphere Business Integration Server • DB2 Information Integrator
Interact with resources anytime, anywhere with any device	• WebSphere Portal • WebSphere Everyplace • WebSphere Voice • Lotus Workplace
Manage performance against business	• WebSphere Business Integration Monitor • Tivoli Business Services Management • DB2 UDB and Content Manager
Accelerate the implementation of intelligent processes	• Pre-Built Portlets • Adapters • Process Templates • WebSphere Commerce
Service Oriented Infrastructure leveraging a common runtime environment	• WebSphere Application Server • WebSphere MQ • WebSphere Studio

Abbildung 2.8: Kategorien und Produkte in IBM WebSphere nach [SGHM05]

Von denen ist der *WebSphere Application Server Express* die kleinste Variante und daher für den Einsatz in kleinen und mittleren Unternehmen geeignet. Er ist auf eine „Single-Server-Umgebung" beschränkt (eine Kombination mit weiteren Servern ist also nicht möglich), bietet volle Unterstützung für den J2EE 1.4 Standard und wird mit dem *IBM Rational Web Developer* (siehe unten) ausgeliefert.

Der *WebSphere Application Server* (ohne Zusatz) kann als Basisvariante angesehen werden. Er ist zwar nahezu äquivalent zur Express Variante, wird aber mit erweiterten Lizenzen und einer Trial Version des *IBM Rational Application Developers* ausgeliefert.

Für den Einsatz mehrerer Server Cluster eignet sich die Variante *WebSphere Application Server Network Deployment*. Daher wird diese Variante oft in Großunternehmen eingesetzt, in denen Applikationen für eine hohe Anzahl Mitarbeiter bereitgestellt werden und deshalb die Performanz und Verfügbarkeit von entsprechender Serverkapazität gewährleistet sein muss.

Weit verbreitet ist heute auch noch der *WebSphere Application Server V5.1*, die Vorgängerversion des V6. Dieser bietet neben den drei Varianten des V6 auch noch eine Variante die auf das Großrechnerbetriebssystem IBM z/OS zugeschnitten ist (*WebSphere Application Server for z/OS V5.1*), sowie die Variante *WebSphere Application Server for iSeries V5.1*, für Rechner der IBM iSeries Reihe (ehemals AS/400).

IBM Software Development Platform

Für die Entwicklung von Unternehmenssoftware bietet IBM WebSphere vier aufeinander aufbauende Softwareentwicklungsumgebungen an. Diese basieren alle auf der Eclipse Workbench, genügen jedoch unterschiedlichen Anforderungen und wurden für verschiedene Typen von Softwareentwicklern konzipiert.

Zur Entwicklung kleinerer Webapplikationen eignet sich der *IBM Rational Web Developer*. Er unterstützt die Standard Web-Technologien HTML, CSS und JavaScript, bietet darüber hinaus aber auch die Möglichkeit JavaServer Pages, Web Services, sowie Struts-Applikationen zu entwickeln.

J2EE-Applikationen jeder Art und Größe können mit dem *IBM Rational Application Developer (IBM RAD)* entwickelt werden. Er enthält sämtliche Komponenten des Rational Web Developer und erweitert diesen durch Werkzeuge zur Erstellung von Enterprise Java Beans und Portlet-Applikationen. Der

Rational Application Developer wird weiter unten in diesem Abschnitt noch ausführlicher behandelt.

Der *IBM WebSphere Studio Application Developer Integration Edition (IBM WSSADIE)* und der *IBM WebSphere Studio Enterprise Developer (IBM WSSED)* bilden die Spitze der zur Verfügung stehenden Entwicklungsumgebungen. So verfügt der WSSADIE neben dem Funktionsumfang des Rational Application Developer unter Anderem über Werkzeuge zur Choreographie von Geschäftsprozessen (BPEL und FDML). Der WSSED unterstützt die Erstellung von Anwendungen für das z/OS Betriebssystem und ermöglicht die schnelle Entwicklung von Webapplikationen mittels der *Enterprise Generation Language (EGL)*.

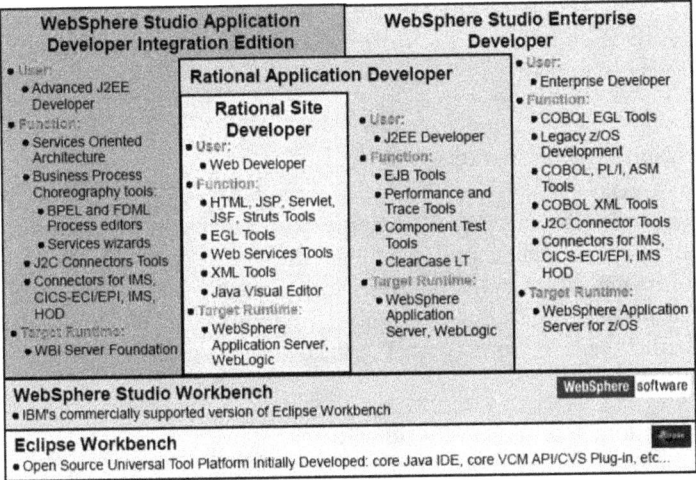

Abbildung 2.9: Entwicklungsumgebungen der IBM WebSphere Familie nach [SGHM05]

Ausführlichere Beschreibungen zu den vier Entwicklungsumgebungen der WebSphere Familie sind in [SGHM05] auf den Seiten 13 - 21 zu finden.

IBM WebSphere Business Integration

IBM WebSphere Business Integration bildet das Gegenstück zur SAP Exchange Infrastructure. Auch hier steht die Integration bereits bestehender und größtenteils „gewachsener" Softwarelandschaften, mit dem Ziel eines gemeinsamen Datenaustausches, im Vordergrund. Zu diesem Zweck bietet WebSphere

Business Integration eine Reihe von „Integrationsprodukten", die als Laufzeit-umgebung den *IBM WebSphere Business Integration Server* verwenden. Die wichtigsten „Integrationsprodukte" sind:

- *IBM WebSphere MQ* (Messaging and Queuing) zur Kommunikation ver-schiedener Applikationen durch Nachrichtenaustausch.

- *IBM WebSphere Integration Adapters* als Technologie zur Anbindung verschiedener Applikationen an den *IBM WebSphere Integration Messa-ge Broker*, der dann die Weitergabe der Daten an andere Applikationen übernimmt.

- *IBM WebSphere MQ Workflow* zur Erstellung und Bearbeitung von Unternehmens-Workflows.

- *IBM WebSphere Business Integration Modeler* zur grafischen Modelie-rung von Geschäftsprozessen.

IBM WebSphere Commerce

IBM WebSphere Commerce umfasst eine Zusammenstellung diverser Softwa-rewerkzeuge zur einfachen und schnellen Entwicklung und Implementierung von E-Commerce Websites. Das Softwarepaket ist in den Varianten *Profes-sional, Business* und *Express* verfügbar und bietet je nach Variante einen unterschiedlich großen Umfang an Werkzeugen an.

IBM WebSphere Portal for Multiplatforms

Ebenso wie SAP NetWeaver mit dem Enterprise Portal verfügt IBM WebSphe-re mit dem *WebSphere Portal for Multiplatforms* über einen webbasierten, zentralen Zugangspunkt zu sämtlichen Unternehmensressourcen. Wie alle an-deren Unternehmensportale, kann auch das WebSphere Portal für verschiedene Szenarien (z.B. als Mitarbeiter-, Kunden-, oder Lieferantenportal) eingesetzt werden. Wesentliche Argumente, die für den Einsatz eines Unternehmenspor-tals sprechen sind, wie bereits erwähnt, die Möglichkeit sämtliche benötig-te Ressourcen auf einer Oberfläche zusammenzufassen, die Realisierung einer einmaligen Authentifizierung für alle Portal-Applikationen (Single-Sign-On), sowie die Möglichkeit, den Zugriff auf Informationen und Applikationen rol-lenbasiert zu steuern.

2.3.2 Der IBM Rational Application Developer

Der IBM Rational Application Developer wurde bereits weiter oben in diesem Abschnitt als Softwareentwicklungsumgebung für die Erstellung von J2EE Applikationen für die IBM WebSphere Plattform vorgestellt. Ebenso wie das SAP NetWeaver Developer Studio basiert der Rational Application Developer auf der Eclipse Entwicklungsumgebung und unterstützt den Softwareentwickler bei seiner Arbeit durch eine Reihe hochentwickelter Softwarewerkzeuge.

Aufbau und Benutzung

Sowohl der strukturelle Aufbau, als auch die Benutzungsoberfläche weisen eine hohe Ähnlichkeit zum SAP NetWeaver Developer Studio auf. Auch der Rational Application Developer organisiert die Darstellung der zur Verfügung stehenden Entwicklungswerkzeuge in verschiedenen Perspektiven, die aus Views und Editoren aufgebaut sind. Ebenso gibt es einen Workspace, der die vorhandenen Entwicklungsprojekte verwaltet. Lediglich das „Look&Feel" unterscheidet sich, wenn auch nur geringfügig, von dem des NetWeaver Developer Studios und ist stärker an das der Eclipse Umgebung angelehnt.

Zur Ausführung und zum Testen von entwickelten Applikationen stellt der Rational Application Developer eine integrierte Testumgebung zur Verfügung. Im Basispaket enthalten ist eine solche für den WebSphere Application Server V6.0. Zusätzlich kann eine Testumgebung für das WebSphere Portal installiert werden. Auch ein eingebetteter Webbrowser wird mitgeliefert, so dass der Entwickler den Rational Application Developer zum Testen der Applikation niemals verlassen muss.

Als relativ umfangreich erweist sich die Onlinehilfe des Rational Application Developers, die mit zahlreichen gut dokumentierten Beispielen und verschiedenen Arten von Tutorials aufwartet. Wie auch die gesamte Entwicklungsumgebung sind große Teile der Onlinehilfe in deutscher Sprache verfügbar.

Wichtige Entwicklungsperspektiven

Auch bei den Entwicklungsperspektiven lassen sich Analogien zum NetWeaver Developer Studio feststellen. Nachfolgend werden die wichtigsten Perspektiven kurz erläutert:

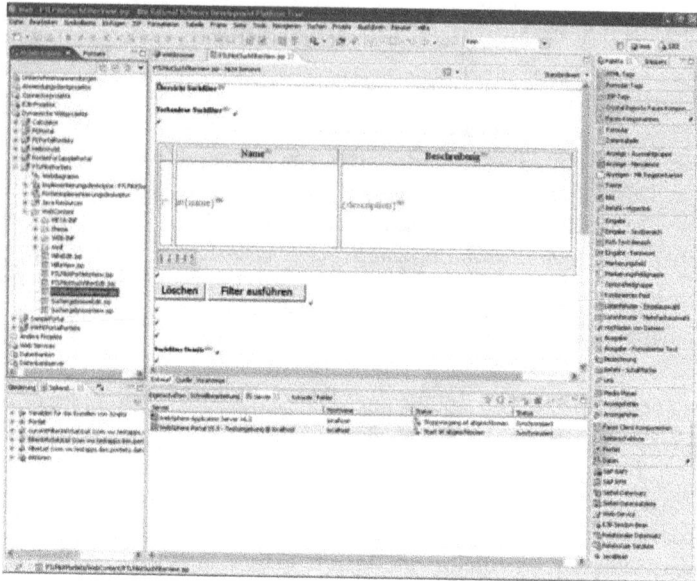

Abbildung 2.10: IBM RAD - Web Perspektive

- **Web Perspektive**
  Jegliche Art von Webressourcen werden in dieser Perspektive entworfen
  und implementiert. Dazu zählen vor allem Java Servlets, JavaServer Pages, HTML-Seiten, Cascading-Style-Sheets und Grafiken. Ein elementares Werkzeug der Web Perspektive ist der *Page Designer Editor*, der die Implementierung von Webseiten enorm beschleunigt und vereinfacht. So können beispielsweise HTML-Interaktionselemente aus dem nebenstehenden *Palette View* per „Drag & Drop" in die Webseite eingefügt, und damit das Layout der Seite vollständig definiert werden, ohne eine einzige Zeile Funktionslogik manuell editieren zu müssen. Außerdem bietet die Web Perspektive unter Anderem den *Styles View* zur Erstellung von Cascading Style Sheets (CSS), sowie den *Links View*, der die Struktur der entwickelten Webapplikation darstellt. Auch Portlet-Applikationen werden in dieser Perspektive entwickelt.

- **J2EE Perspektive**
  Die J2EE Perspektive ist die standardmäßig vorgegebene Perspektive des Rational Application Developers. Sie bietet diverse Werkzeuge zur Erstellung von J2EE Ressourcen, wie beispielsweise Enterprise Java Be-

ans oder Enterprise Applications.

- CVS Repository Exploring Perspektive
  Die CVS Repository Exploring Perspektive ermöglicht die Verbindung
  zu einem angeschlossenen CVS (Concurrent Versions System) herzustellen und mit der Dateiablage (Repository) dieses Systems zu arbeiten.
  So kann z.b. die Ablage mit dem lokalen Workspace des Benutzers synchronisiert werden. Auch das Hinzufügen von Entwicklungsprojekten,
  oder die Untersuchung historischer Stände von verwalteten Projekten
  ist möglich.

2.3.3 Die IBM Portlet Architektur

IBM Portlets sind vollständige Webapplikationen, die auf einem IBM Web-
Sphere Portal Server betrieben werden. Im Gegensatz zu einer „herkömmli-
chen" Webapplikation können Portlets aber nicht direkt über eine URL aufgerufen werden, sondern benötigen für die Bereitstellung ihrer Funtionalität
eine bestimmte Umgebung - das IBM WebSphere Portal.

Der folgende Abschnitt beschäftigt sich mit der Architektur von IBM Portlets.
Die hier wiedergegebenen Informationen wurden dabei größtenteils aus [R$^+$05]
und [W$^+$04] entnommen.

Grundlegendes

IBM Portlets sind J2EE-Applikationen. Sie werden als Java Servlets implementiert und im Web Container des J2EE-Applikationsservers[5] ausgeführt.
Ausgangspunkt für die Implementierung ist die abstrakte (Java-)Klasse `Port-
let`, die essentielle Basisfunktionalitäten (beispielsweise zur Steuerung des Le-
benszyklus) für ein Portlet bereitstellt. Die Klasse `PortletAdapter` wird von
`Portlet` abgeleitet und gilt als Standardimplementierung für IBM Portlets.
Von dieser Klasse leitet sich in der Regel das Servlet ab, in dem das Portlet
implementiert ist.

---

[5]Üblicherweise der IBM WebSphere Portal Server

Implementierungsdeskriptoren

Jede J2EE Applikation enthält in ihren .EAR-Dateien so genannte Implementierungsdeskriptoren (*Deployment Descriptors*). Dabei handelt es sich um XML-Dateien, die Informationen über die Applikation und deren Auslieferung auf einem J2EE-Server enthalten.

Portlet-Applikationen verfügen über mehrere Implementierungsdeskriptoren, in denen unter anderem Einstellungen zur Sicherheit, sowie zu Start- und Fehlerseiten vorgenommen werden können (siehe auch Abschnitt 6.2.3).

Weitere Informationen zu Implementierungsdeskriptoren sind in [G+05] auf den Seiten 1196 - 1199 zu finden.

Portlet-Applikationen

Ein IBM WebSphere Portal ist wie die meisten Webapplikationen aus mehreren Seiten aufgebaut. Jede dieser Portalseiten kann über die Portalnavigation angesteuert werden und enthält in der Regel mehrere Portlets. Die Portlets werden in kleinen Fenstern dargestellt[6], die neben- und übereinander auf der Seite angeordnet sind.

Weist eine Gruppe von Portlets eine logische Zusammengehörigkeit auf, so bilden diese Portlets eine Portlet-Applikation. Portlet-Applikationen müssen vor ihrer Ausführung auf dem Portal Server definiert werden. Eine Gruppierung mehrerer Portlets zu einer Applikation zur Laufzeit des Portals, beispielsweise durch einen Administrator, ist nicht möglich. Die Portlets einer Portlet-Applikation können durch das versenden und empfangen von Nachrichten untereinander kommunizieren.

Porlet-Modi

Ein Portlet kann bis zu vier verschiedene Modi haben, die über Buttons am oberen rechten Rand des Portletfensters angesteuert werden können:

- Der *View*-Modus repräsentiert die „normale" Ansicht eines Portlets. In diesem Zustand kann die Funktionalität des Portlets verwendet werden.

---

[6]Wichtig: Als Portlets werden die Applikationen bezeichnet, die in den Fenstern laufen, nicht die Fenster selbst

- Durch das wechseln in den *Edit*-Modus kann ein Benutzer das Portlet konfigurieren und somit seinen persönlichen Bedürfnissen anpassen (beispielsweise Schriften und Farben einstellen).

- Der *Configure*-Modus dient ebenfalls zur Konfiguration des Portlets, allerdings werden in diesem Modus Einstellungen vorgenommen, die auf alle Benutzer des Portlets bezogen sind (z.b. die Festlegung einer Adresse zu einem Server von dem das Portlet Daten abfragt). Der Configure-Modus wird in der Regel nur Portal-Administratoren zugänglich gemacht.

- Der *Help*-Modus ist für die Anzeige einer kleinen Online-Hilfe vorgesehen.

Jeder Modus wird als JavaServer Page programmiert. Für die korrekte Implementierung muss der Entwickler selbst sorgen.

Portlet-Zustände

Ähnlich wie ein Fenster eines Microsoft Windows Betriebssystems kann ein Portletfenster maximiert und minimiert werden. Es nimmt dementsprechend entweder die ganze Portalseite ein, oder wird nur durch seine Titelleiste auf der Seite angezeigt. Neben den Zuständen *Maximized* und *Minimized* gibt es natürlich den Zustand *Normal*, der das Portlet in seine Initialansicht (zurück)setzt.

Portlet-Objekte

Das IBM Portlet API stellt eine Reihe von Objekten zur Verfügung, in denen zur Laufzeit Daten abgelegt werden können. Die Objekte sind zu verschiedenen Zeitpunkten des Portlet-Lebenszyklus verfügbar. Nachfolgend werden die wichtigsten Portlet-Objekte kurz erläutert:

PortletRequest Dieses Objekt stellt den *Request* (also ein Anfrage des Clients an den Applikationsserver) in einem Request-Response-Zyklus dar. Es enthält unter anderem Informationen über den Benutzer und den Client auf dem die Applikation läuft. Das Request-Objekt wird, je nachdem in welchem Modus sich das Portlet befindet, an eine der Methoden `doView`, `doEdit`, `doConfigure` oder `doHelp` übergeben und kann dort ausgewertet werden. Auch Daten aus der Applikation (z.B. Benutzereingaben) lassen sich im Request-Objekt speichern und damit zum Applikations-server transportieren.

PortletResponse Das PortletResponse-Objekt kapselt die *Response* (also die Antwort des Applikationsservers an den Client) in einem Request-Response-Zyklus eines Portlets. Ebenso wie das Request-Objekt kann das Response-Objekt Daten speichern. Diese sind dann auf dem Client verfügbar.

PortletSession Immer wenn ein Portlet zum ersten Mal innerhalb sei-nes Lebenszyklus aufgerufen wird, legt die Laufzeitumgebung ein PortletSession-Objekt an. Dieses dient zur Speicherung von Daten, die zwischen zwei Requests erhalten bleiben sollen. Das Session-Objekt wird über das Request-Objekt abgefragt.

Client Das Client-Objekt repäsentiert die Client-Maschine auf der die Appli-kation läuft. Es enthält verschiedenen Informationen über den Client, beispielsweise den Hersteller und die Version, und wird ebenso wie das Session-Objekt aus dem Request-Objekt des Portlets abgerufen.

PortletConfig Das PortletConfig-Objekt repräsentiert ein abstraktes Portlet, von dem sich in der Regel mehrere konkrete Portlets ableiten. Es spei-chert Konfigurationsinformationen, die für alle abgeleiteten Portlets gel-ten und kann unter Anderem genutzt werden, um herauszufinden welche Modi und Zustände das Portlet unterstüzt.

PortletContext Der PortletContext stellt einen Zugang zum Portlet-Container (die Laufzeitumgebung für Portlets) zur Verfügung und kann dazu genutzt werden, auf Services des Containers zuzugreifen.

PortletSettings Dieses Objekt ist dazu gedacht sämtliche Informationen zu speichern, die über den Configure-Modus eines Portlets eingestellt wer-den können.

PortletApplicationSettings Wie der Name schon andeutet, werden in die-sem Objekt Konfigurationsinformationen gespeichert, die für alle Port-lets gelten, die derselben Portlet-Applikation angehören.

PortletData Das PortletData-Objekt bietet die Möglichkeit, Daten auch über den Lebenszyklus eines Portlets hinaus, also persistent, zu speichern. Es eignet sich damit beispielsweise für die Ablage eines Begrüßungstextes, der nicht „hart" in der Funktionslogik kodiert werden, aber trotzdem dauerhaft gespeichert bleiben soll.

PortletLog Das PortletLog-Objekt ermöglicht das Editieren von Log-Dateien, um Informations- oder Fehlermeldungen für eine mögliche spätere Auswertung festzuhalten.

PortletException Die meisten Exceptions, die von einem Portlet ausgelöst werden können, leiten sich aus diesem Objekt ab.

User Das User-Objekt repräsentiert den aktuellen Benutzer des Portlets. Es enthält bereits einige typische Benutzerinformationen, wie die Benutzer-ID, den Name oder die Zeit des letzten Logins eines Benutzers. Weitere Attribute können über die Methode `setAttribute` problemlos hinzugefügt werden.

JavaServer Faces Portlets

Mit dem IBM Rational Application Developer lassen sich verschiedene Arten von Portlets anlegen. Neben der in diesem Abschnitt behandelten IBM Portlet Technologie, können Portlets auch nach dem JSR[7] 168 Standard entwickelt werden. Darüber hinaus lassen sich sowohl IBM Portlets, als auch JSR 168 Portlets mit dem Struts Framework oder der JavaServer Faces Technologie kombinieren, um komplexe Portlet-Applikationen zu entwickeln.

In dieser Diplomarbeit wurde eine Kombination aus IBM Portlet Technologie und JavaServer Faces Technologie[8] für die Entwicklung der Beispielapplikation *PTL Pilot* (siehe Kapitel 3) eingesetzt. Ausschlaggebend für die Entscheidung diese Kombination zu verwenden, war die Möglichkeit, auf sehr komfortable Art und Weise den Zugriff auf Funktionslogik in einem SAP R/3 System herstellen zu können[9].

JavaServer Faces (JSF) Applikationen sind nach dem MVC Entwurfsmuster aufgebaut. Die Daten einer JSF-Applikation werden durch Java Beans bereitgestellt. Diese repräsentieren also die Model-Schicht. Präsentiert und manipuliert werden die Daten auf JavaServer Pages, die dementsprechend die View-Schicht darstellen. Für das Eventhandling und damit als Controller sind Java Servlets zuständig.

Zur Gestaltung der Benutzungsoberfläche stellt die JSF-Technologie dem Entwickler eine Reihe vorgefertigter, wiederverwendbarer Oberflächenelemente zur Verfügung. Jedes dieser Elemente ist als JSP-Tag in der *Component Tag*

---

[7]Java Specification Request
[8]Die Sepzifikation dieser Technologie findet sich in [MBK04]
[9]Dieses Thema wird in Kapitel 5 ausführlicher behandelt

Library vorhanden und wird außerdem durch ein (Java-) Objekt auf dem Applikationsserver implementiert. Neben Formular- und einigen weiteren Standardelementen, gehören zum Umfang der Component Tag Library auch einige von IBM entwickelte Oberflächenelemente, darunter zum Beispiel die *Panel Box* zum gruppieren von Elementen oder das *File Upload* Element für das Hochladen von Dateien. Da es sich bei JavaServer Faces um eine offene Technologie handelt, können weitere Oberflächenelemente problemlos hinzugefügt werden.

An einem Oberflächenelement können neben Events auch Konverter und Validatoren registriert werden, die als Methoden in den Java Beans implementiert sind. So kann ein Benutzer beispielsweise durch das Anklicken eines Buttons ein Event auslösen, dass die Beendigung einer Eingabe signalisiert. Das entsprechende Eingabefeld kann dann seinen Konverter benutzen, um die vom Benutzer eingegebenen Daten für die weitere Verarbeitung in ein anderes Format zu überführen. Davor wird in der Regel der Validator des Eingabefeldes ausgeführt, um die Benutzereingaben auf semantische Korrektheit zu prüfen und gegebenenfalls eine Fehlermeldung an den Client zurückzusenden.

Zur Navigation zwischen verschiedenen Seiten wird in einem JavaServer Faces Portlet eine Liste mit Navigationsregeln verwendet. Diese Liste verknüpft jeweils eine Zeichenkette mit einer Seite des Portlets. Wird eine dieser Zeichenketten von einem Navigationselement (Hyperlink oder Button) als Event ausgelöst, navigiert das Portlet automatisch auf die zugehörige Seite. Dabei ist zu beachten, dass die Navigation nur innerhalb eines Modus funktioniert. Ein Wechsel vom View- in den Edit-Modus ist auf diese Weise nicht möglich.

3 Die Beispielapplikation PTL Pilot

Die theoretischen Konzepte hinter Web Dynpro- und Portlet-Applikationen wurden im letzten Kapitel eingehend erläutert. Durch die Entwicklung der *PTL Pilot* Applikation erfolgt nun der Einblick in die Praxis. Im Rahmen dieser Diplomarbeit wurde *PTL Pilot* folglich sowohl mit der SAP Web Dynpro-, als auch mit der IBM Portlet-Technologie entwickelt und implementiert.

3.1 Beschreibung

3.1.1 Das PTL@Intranet Projekt

Die PTL Pilot Applikation ist eine vereinfachte Umsetzung des bereits in Kapitel 1 kurz vorgestellten PTL@Intranet-Projekts. Wie bereits erwähnt bildet die PLT@Intranet einen Teil der Funktionalität der Prototypen-Toleranz-Liste als Webapplikation im Intranet des Kunden der CN-Consult GmbH ab. Im Wesentlichen geht es dabei um die Einstellung und Ausführung von Filtern die zur Suche von Bauteilen und damit verbundenen Informationen eingesetzt werden.

Die PTL@Intranet wurde nach einer Bearbeitungszeit von ca. 6 Monaten fertiggestellt und wird nach Abschluss der Testphase als Ergänzung zur Prototypen-Toleranz-Liste beim Kunden produktiv eingesetzt.

3.1.2 Grundfunktionen

Auch die PTL Pilot Applikation beschäftigt sich mit dem Suchen und Filtern von Bauteilen und damit verknüpften Informationen. Wie in der

PTL@Intranet wird dem Benutzer eine Übersichtsseite geboten, auf der bereits vorhandene Suchfilter angezeigt, verändert und ausgeführt werden können. Darüber hinaus lassen sich natürlich auch neue Filter anlegen und für die spätere Wiederverwendung speichern. Zur Konfiguration der Filter steht eine Reihe von Kriterien zur Verfügung, so dass die Suche nach Bauteilen und Informationen sinvoll eingegrenzt werden kann.

Nachdem ein Suchfilter ausgeführt wurde, werden die Ergebnisse als baumartige Struktur aufbereitet dargestellt. Durch Selektion eines Knotens bzw. Blattes der Baumstruktur werden entsprechende Detailinformationen eingeblendet. Der Aufbau der Baumstruktur richtet sich dabei nach den im Filter verwendeten Kriterien. Vor Ausführung bzw. beim Anlegen eines Filters, kann der Benutzer festlegen, auf welcher Ebene der Baumstruktur welches Kriterium gesetzt wird und somit die Darstellung der Suchergebnisse beeinflussen.

3.1.3 Aufbau und Verwendung von Suchfiltern

Um einen Suchfilter einzustellen, können in der PTL Pilot Applikation vier verschiedene Kriterien verwendet werden. Im einzelnen sind das:

- Baulos
  Eine Zusammenfassung, nach bestimmten Kriterien gruppierter, Bauteile

- Bauteil-Nr.
  Die zur eindeutigen Identifizierung eines Bauteils verwendete Nummer

- Derivat
  Ein Fahrzeugprojekt oder Teile eines Fahrzeugprojekts

- Konstrukteur
  Der Name eines Konstrukteurs

Der Benutzer kann eines der Kriterien aus der Liste auswählen und die Bedingungen angeben, denen dieses Kriterium bei der Suche genügen muss. Er konstruiert dadurch einen so genannten Filter-Bedingungssatz. Jedes Kriterium kann pro Filter nur einmal in einem Bedingungssatz verwendet werden. In der PTL Pilot sind also nur Filter mit maximal vier Sätzen möglich. Die PTL@Intranet erlaubt hingegen das Anlegen von Bedingungssätzen mit mehr als dreimal sovielen Kriterien, so dass ein Filter schnell sehr komplex werden kann. Eine Zusammenstellung möglicher Bedingungssätze zeigt Abbildung 3.1. Ein Filter muss natürlich mindestens einen Bedingungssatz enthalten. Ein

„leerer" Filter würde immer alle in der Datenbank gespeicherten Bauteile und Informationen beschaffen und wäre daher nicht sinnvoll.

Filterbedingungen		
Derivat	=	X-G283-B
Bauteile-Nr.	>	H11.456.876.B
Konstrukteur	=	$ALL

Abbildung 3.1: Bedingungssätze eines Suchfilters

Die anzugebenden Bedingungen für ein Kriterium setzen sich aus einem von sechs möglichen Vergleichsoperatoren (gleich, ungleich, größer, kleiner, größer gleich, kleiner gleich) und einem oder mehreren Vergleichswerten zusammen. Werden mehrere Werte in einem Bedingungssatz verwendet, müssen diese jeweils durch ein Semikolon getrennt werden. Außerdem ist in diesem Fall nur die Angabe des „Gleich"- oder „Ungleich"-Operators möglich. Anstatt eines konkreten Wertes kann in einem Bedingungsatz auch der Operator „Gleich" in Verbindung mit dem Ausdruck „$ALL" angegeben werden. Dadurch werden alle Einträge des zugehörigen Kriteriums aus der Datenbank abgefragt. Eine solche Kombination sollte folglich mit Bedacht eingesetzt werden.

In der Datenbank werden alle Suchfilter in einer Tabelle gespeichert und über ihren Namen eindeutig identifiziert. Dementsprechend muss ein neu angelegter Filter immer mit einem Namen versehen werden. Eventuell auftretende Konflikte werden vor dem Speichern durch die Applikation geprüft. Es wurde außerdem festgelegt, dass die Speicherung eines Filters explizit, zum Beispiel durch Klicken eines Buttons, erfolgen muss. Wird ein Filter nur ausgeführt und nicht vorher gespeichert, steht er nach der Ausführung nicht mehr zur Verfügung.

3.2 Umsetzung als SAP Web Dynpro Applikation

3.2.1 Die Applikation

Die Web Dynpro Variante der PTL Pilot Applikation besteht aus mehreren Webseiten und setzt sich im Wesentlichen aus drei verschiedenen Komponenten zusammen.

- Einer *Übersichtsseite* zum anzeigen, ändern und ausführen von Filtern (Abbildung 3.2)

- Einem *Filterassistenten* zum anlegen eines neuen Suchfilters (Abbildung 3.3)

- Einer *Ergebnisseite* zum anzeigen der Suchergebnisse (Abbildung 3.4)

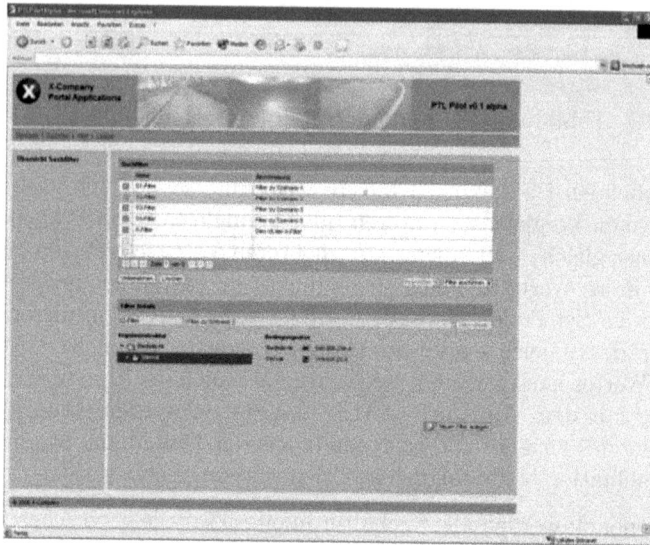

Abbildung 3.2: PTL Pilot SAP - Suchfilter auswählen

Unmittelbar nach dem Starten der Applikation gelangt der Benutzer auf eine Willkommensseite, die einen kurzen Begrüßungstext enthält und Platz für die Darstellung aktueller Informationen bietet. Über die Navigationsleiste hat der Benutzer die Möglichkeit jederzeit zu dieser Seite zurückzukehren (Startseite), die Applikation zu verlassen (Logout), die Hilfeseite aufzurufen (Hilfe), oder auf die Suchfilter-Übersichtsseite zu wechseln (Suchfilter).

Die Suchfilter-Seite ist der zentrale Einstiegspunkt für das Arbeiten mit Suchfiltern. Wie in Abbildung 3.2 zu erkennen werden im oberen Bereich der Seite die in der Datenbank gespeicherten Suchfilter in einer tabellarischen Übersicht angezeigt. Der Benutzer kann durch einfaches Anklicken einen Filter aus der Tabelle selektieren und diesen mittels der direkt unter der Tabelle plazierten Buttons bearbeiten. Dabei hat er die Möglichkeit den selektierten Filter umzubenennen (Namen und Beschreibung ändern), zu löschen, in den Filterassistenten zu laden (Button *Bearbeiten*) oder den Filter direkt auszuführen. Im unteren Bereich der Übersichtsseite werden Name, Beschreibung,

Bedingungssätze und die Struktur der Ergebnisansicht für den selektierten Filter angezeigt.

Über den Button *Neuen Filter anlegen* wird der Filterassistent gestartet, der das Erstellen eines neuen Filters ermöglicht.

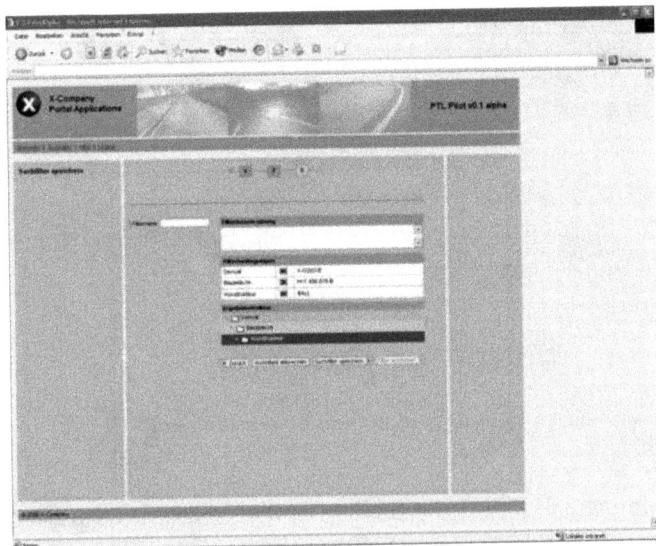

Abbildung 3.3: PTL Pilot SAP - Letzter Schritt des Filterassistenten

Um einen neuen Filter anzulegen, müssen im Filterassistenten drei Schritte durchlaufen werden. Der Benutzer muss zunächst Bedingungssätze (mindestens einen) für den Filter erstellen, aus denen dann im zweiten Schritt die Ergebnisansicht strukturiert werden kann. Im dritten und letzten Schritt des Assistenten (Abbildung 3.3) kann der fertige Suchfilter mit einem Namen und einer Beschreibung versehen werden. Der Benutzer hat außerdem die Möglichkeit, über die entsprechenden Buttons den Filter in der Datenbank zu speichern, (dazu muss vorher aber unbedingt ein Name vergeben werden) oder den Filter direkt auszuführen. Nach einer direkten Ausführung ohne vorherige Speicherung ist der Filter allerdings nicht mehr verfügbar („Einmalfilter"). Die Vergabe eines Namens oder einer Beschreibung ist in einem solchen Fall ebenfalls nicht nötig und auch nicht sinnvoll.

Der Assistent kann in jedem Schritt abgebrochen werden. Der Benutzer gelangt dann auf die Suchfilter-Übersichtsseite zurück. Desweiteren kann der Assistent immer einen Schritt zurück geschaltet werden um bereits getätigte

Einstellungen zu korrigieren. Ganz oben auf jeder Seite des Filterassistenten wird der Verlauf dargestellt. Der aktuelle Schritt ist farblich hervorgehoben.

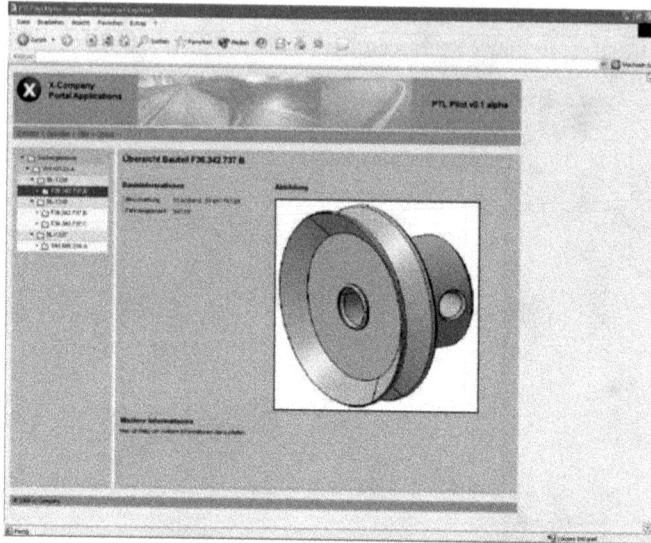

Abbildung 3.4: PTL Pilot SAP - Detailanzeige zu einem Bauteil

Unmittelbar nach dem Ausführen eines Suchfilters wird dem Benutzer die Ergebnisseite angezeigt. Auf dieser wird am linken Rand das Suchergebnis in Form einer Baumstruktur dargestellt. Die Knoten des Baumes können bis auf die letzte Ebene expandiert werden. Durch Anklicken eines Knotens bzw. Blattes werden rechts neben dem Baum die zugehörigen Informationen angezeigt. Abbildung 3.4 zeigt die Informationen zu einem Bauteil das in der Baumstruktur selektiert wurde.

3.2.2 Technischer Hintergrund

Zur Entwicklung der PTL Pilot Applikation wurde das SAP NetWeaver Developer Studio eingesetzt. Damit wurde zunächst ein Web Dynpro Projekt und darin die vier Web Dynpro Components *Help*, *Main*, *Result* und *Search* angelegt (siehe Abbildung 3.5)[1].

---

[1]Das Projekt trät den Arbeitstitel *Beeblebrox*

Abbildung 3.5: Web Dynpro Projekt Beeblebrox - Projektstruktur

Main Component

Die Basis der PTL Applikation wird durch die Main Component dargestellt. Sie beinhaltet jeweils einen View für die Startseite, die Kopf- und Navigationsleiste, sowie die Fußleiste der Applikation. Darüber hinaus definiert sie Verwendungsbeziehungen zu den Components *Search* und *Help*, um zu gewährleisten, dass Kopf- und Fußleiste auf jeder Webseite der Applikation angezeigt werden.

Search Component

Die Search Component ist die größte Component der Applikation und beinhaltet die Funktionslogik zur Steuerung und Anzeige der Suchfilter-Übersichtsseite und des Filterassistenten. Diese verteilt sich auf insgesamt fünf Views und drei Controller. Über das in Abschnitt 2.2.3 erläuterte *Context-Mapping* wird nach dem Klicken des *Filter ausführen*-Buttons der Name des auszuführenden Suchfilters an die Result Component übergeben. Dazu stellt die Search Component eine Verwendungsbeziehung mit der Result Component her.

Result Component

Der „Ergebnisbaum" und die verschiedenen Informationsanzeigen sind in der Result Component implementiert. Diese übernimmt außerdem die Ausführung des Models zur Beschaffung der Ergebnisdaten. Zur Darstellung des Ergennisbaums und der vier verschiedenen Informationsanzeigen (Bauteil, Baulos,

Derivat, Konstrukteur) wurde jeweils ein View entworfen. Die Steuerungslogik ist komplett im Component Controller untergebracht.

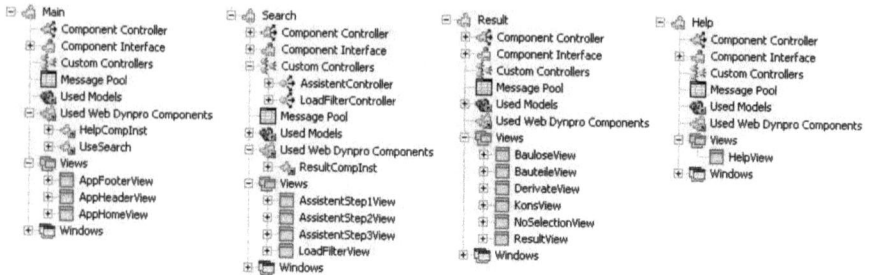

```
⊟ 🔹 Main                              ⊟ 🔹 Search                             ⊟ 🔹 Result                            ⊟ 🔹 Help
    🔹 Component Controller                ⊞ 🔹 Component Controller               ⊞ 🔹 Component Controller               🔹 Component Controller
  ⊞ 🔹 Component Interface                 ⊞ 🔹 Component Interface                ⊞ 🔹 Component Interface              ⊞ 🔹 Component Interface
    📄 Custom Controllers                  ⊟ 📄 Custom Controllers                  📄 Custom Controllers                  📄 Custom Controllers
    📄 Message Pool                          ⊞ 🔹 AssistentController               📄 Message Pool                        📄 Message Pool
    🔹 Used Models                           ⊞ 🔹 LoadFilterController            ⊞ 🔹 Used Models                        🔹 Used Models
  ⊟ 🔹 Used Web Dynpro Components         📄 Message Pool                         🔹 Used Web Dynpro Components        🔹 Used Web Dynpro Components
    ⊞ 🔹 HelpCompInst                     ⊞ 🔹 Used Models                       ⊟ 📁 Views                            ⊟ 📁 Views
    ⊞ 🔹 UseSearch                        ⊟ 🔹 Used Web Dynpro Components          ⊞ 📄 BauloseView                        📄 HelpView
  ⊟ 📁 Views                             ⊟ 📁 Views                             ⊞ 📄 BauteileView                     ⊞ 📁 Windows
    ⊞ 📄 AppFooterView                     ⊞ 📄 AssistentStep1View                ⊞ 📄 DerivateView
    ⊞ 📄 AppHeaderView                     ⊞ 📄 AssistentStep2View                ⊞ 📄 KonsView
    ⊞ 📄 AppHomeView                       ⊞ 📄 AssistentStep3View                ⊞ 📄 NoSelectionView
  ⊞ 📁 Windows                            ⊞ 📄 LoadFilterView                     ⊞ 📄 ResultView
                                        ⊞ 📁 Windows                            ⊞ 📁 Windows
```

Abbildung 3.6: Web Dynpro Components der PTL Pilot

Help Component

Die Help Component enthält lediglich ein View zur Darstellung der Online-hilfe. Da die PTL Pilot jedoch als Beispielapplikation entwickelt wurde und somit nicht für den produktiven Einsatz vorgesehen ist, wurde bewußt auf die Erstellung einer solchen verzichtet. Die Help Component ist somit eine Art Platzhalter für eine mögliche Onlinehilfe.

SearchFilter-Model

Das SearchFilter-Model ist die Schnittstelle zwischen der PTL Pilot und dem SAP R/3 System mit dem die Daten zu den Suchfiltern, sowie den Bauteilen und zugehörigen Informationen verwaltet werden. Es enthält daher eine Reihe von Model-Klassen, um die entsprechenden Funktionsbausteine des R/3 Systems mit Aufrufparametern zu versorgen bzw. ihre Rückgabeparameter abzufragen.

Programmierung

Die Programmierung der Applikation erfolgte ausschließlich in der Sprache Java. Eine gute Unterstützung boten dabei vor allem [KTD05] und [Krü03].

3.3 Umsetzung als IBM Portlet Applikation

3.3.1 Die Applikation

Als Portlet-Applikation umfasst die PTL Pilot drei verschiedene Portlets und ist vollständig in ein IBM WebSphere Testportal integriert. Wie Abbildung 3.7 zeigt sind die drei Portlets nebeneinander auf einer Portalseite angeordnet. Der Benutzer sieht somit die gesamte Applikation „auf einen Blick". Ein Portlet kann wie bereits in Abschnitt 2.3.3 erwähnt maximiert und minimiert werden, so dass es die gesamte Portalseite einnimmt bzw. nur durch seine Titelleiste auf der Seite dargestellt wird (Abbildung 3.8).

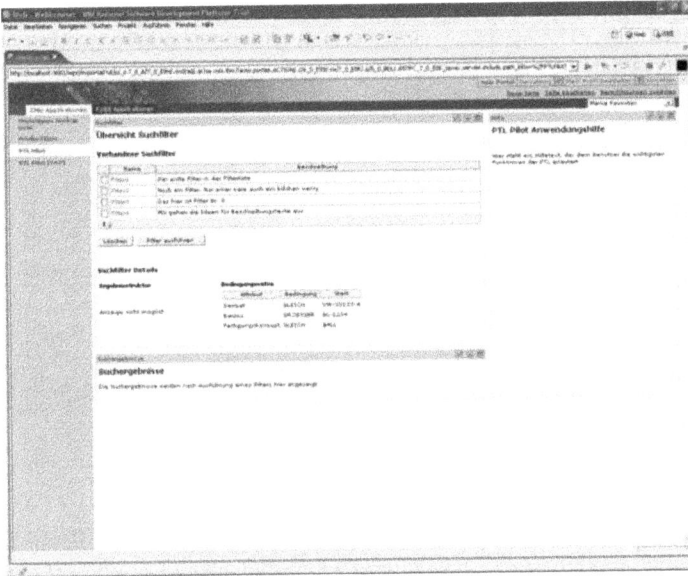

Abbildung 3.7: PTL Pilot Portlet Applikation - Überblick

Im einzelnen setzt sich die Applikation aus folgenden Portlets zusammen:

- Dem *Suchfilter*-Portlet zur Anzeige und Bearbeitung von Suchfiltern

- Dem *Suchergebnisse*-Portlet zur Darstellung der Suchergebnisse nach Ausführung eines Filters

- Dem *Hilfe*-Portlet zur Anzeige, einer auf die jeweilige Situation abgestimmten, Onlinehilfe

Funktional sollte die Portlet-Variante der PTL Pilot Applikation ursprünglich die gleichen Eigenschaften aufweisen wie die Web Dynpro-Variante. Leider konnten einige Teile nicht fertiggestellt werden, darunter unter anderem die Ergebnisanzeige im Suchergebnisse-Portlet. Aus zeitlichen Gründen musste ebenso auf die Verwirklichung eines Filterassistenten verzichtet werden. Auch das Suchfilter-Portlet bietet nur eingeschränkte Funktionalität.

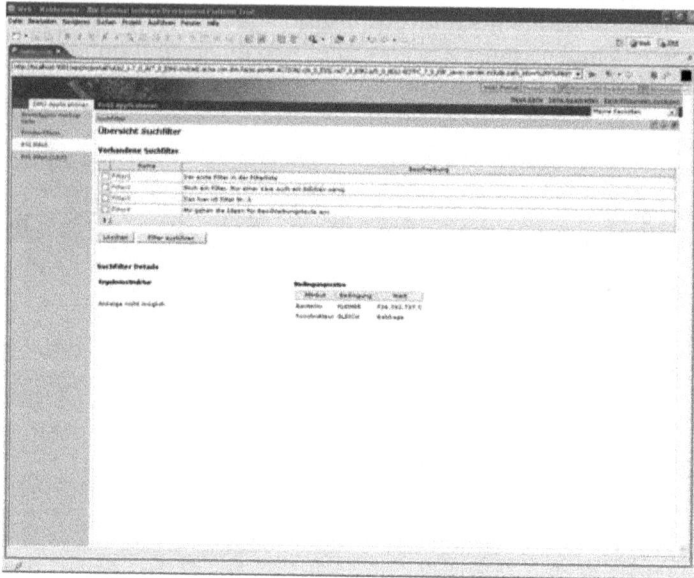

Abbildung 3.8: Maximiertes Suchfilter-Portlet

Suchfilter lassen sich also weder ausführen, noch verändern. Lediglich das Anzeigen der zu einem Filter gehörenden Bedingungssätze (Anklicken des Filternamen in der Übersichtstabelle) und das Löschen von Filtern ist möglich.

Die eher spärliche Umsetzung der PTL Pilot als Portlet-Applikation, ist vor allem auf den begrenzten Zeitrahmen dieser Diplomarbeit und einige technische Probleme zurückzuführen. So konnte die benötigte Infrastruktur (Rational Application Developer und Portal Testumgebung) erst mit erheblicher Verzögerung bereitgestellt werden, wodurch die Entwicklung und Programmierung der Applikation massiv beeinträchtigt war.

3.3.2 Technischer Hintergrund

Die Portlet-Variante der PTL Pilot Applikation wurde mit dem Rational Application Developer in zwei *Dynamischen Webprojekten* implementiert, die zur Ausführung der Applikation beide auf einen IBM WebSphere Portal Server ausgeliefert (deployt) werden müssen[2].

PTLPilotPortlets-Projekt

Dieses Projekt beinhaltet drei Portlets, die nach der JavaServer Faces Technologie programmiert wurden und als logisch zusammengehörige Einheit die eigentliche Applikation darstellen. Der Typ *JSF-Portlet* wurde hier hauptsächlich deshalb verwendet, um einen einfachen Zugriff auf ein SAP R/3 System herzustellen, wie auch in [SS05] beschrieben. Leider konnte dieser Zugriff nicht hergestellt werden, da die Testumgebung des WebSphere Portal Servers nur in der Version 5.0, anstatt der benötigten Version 5.1 zur Verfügung stand. Das eine höhere Version der Testumgebung für den Zugriff auf ein R/3 System benötigt wird, stellte sich erst während der Programmierung heraus, so dass die Portlets trotzdem als JSF-Portlets implementiert wurden.

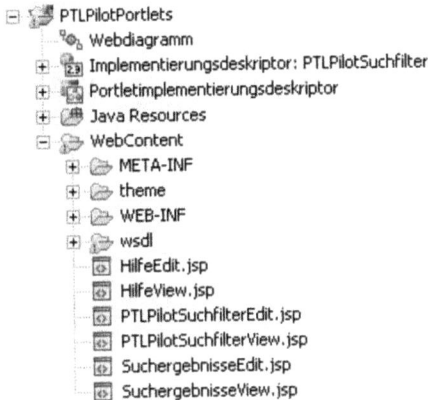

Abbildung 3.9: PTLPilotPortlets-Projekt - Ressourcenübersicht

Die Modi eines JSF-Portlets werden jeweils durch ein eigenes Java Servlet, sowie eine eigene JavaServer Page repräsentiert. Da jedes der drei Portlets über einen View- und einen Edit-Modus verfügt, umfasst das PTLPilotPortlets-Projekt insgesamt sechs Servlets und sechs JavaServer Pages. Der Edit-Modus

---

[2]Hier wird eine Testumgebung verwendet, die einen solchen Server simuliert

wurde jedoch nicht explizit programmiert und wird deshalb auf der Portalseite auch nur als leeres Portletfenster angezeigt.

Um den fehlenden Zugriff auf das R/3 System und damit auf die in der Applikation benötigten Daten (vorhandene Suchfilter, Bauteile, Bauteilinformationen) zu „überbrücken", enthält das Projekt außerdem ein Java Paket mit fünf Klassen, welche quasi als Simulation der eigentlichen Datenbank dienen. Die Java Klassen stellen Daten zu vorhanden Suchfiltern zur Verfügung und speichern diese außerdem dauerhaft in Listenstrukturen.

FEPortal-Projekt

Die Testumgebung des IBM WebSphere Portals ist in einem Portal-Projekt konfiguriert. Sie enthält vier verschiedene Portalseiten, darunter die PTL-Pilot-Seite zur Darstellung der Portlets aus dem PTLPilotPortlets-Projekt. Die drei anderen Seiten sind leer und wurden lediglich angelegt, um die Funktionsweise und den Aufbau eines WebSphere Portals zu verdeutlichen. Die Konfiguration des Testportals umfasst außerdem die Festlegung eines einheitlichen Designs. Dabei kann der Entwickler eines von sechs bereits vorgefertigten Designs wählen oder ein Eigenes entwerfen.

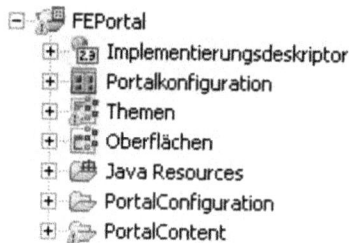

Abbildung 3.10: FEPortal-Projekt - Ressourcenübersicht

4 Gestaltung von Weboberflächen

Dieses Kapitel gibt einen Einblick in die Benutzungsoberflächen-Gestaltung von Webapplikationen. Es werden zunächst einige grundlegende Gestaltungsaspekte vorgestellt und anschließend die Oberflächen der beiden PTL Pilot-Varianten analysiert. Die Informationen, die im ersten Teil des Kapitels dargelegt werden, stammen im Wesentlichen aus [Bal00] und [AI06].

4.1 Grundlagen

4.1.1 Orientierung und Navigation auf Webseiten

Je mehr Funktionalität eine Webapplikation bietet, desto höher ist oft die Anzahl der Webseiten die zu dieser Applikation gehören. Um bei der Benutzung einer Vielzahl von Webseiten nicht den Überblick zu verlieren, ist es unbedingt erforderlich die Applikation übersichtlich zu strukturieren und sinnvolle Navigationsmöglichkeiten zwischen den Webseiten zu schaffen.

Die Anzeige von Webseiten auf dem Client erfolgt innerhalb eines Webbrowsers (Abbildung 4.1). Dieser stellt bereits einige wichtige Orientierungs- und Navigationshilfen zur Verfügung. So lassen sich beispielsweise Hyperlinks in einer Favouritenliste abspeichern, die besuchten Webseiten werden in einer Verlaufsliste protokolliert und in der Adresszeile wird die Referenz der Webseite angezeigt, die gerade im Browser dargestellt wird. Um dem Benutzer einer Webapplikation die Orientierung und Navigation zu erleichtern, sollte sich der Entwickler aber nicht ausschließlich auf die Möglichkeiten des Webbrowsers verlassen. Viel wichtiger ist es entsprechende Maßnahmen auch innerhalb der Applikation umzusetzen.

Für die strukturierte Darstellung einer Webapplikation eignen sich vor allem Baumhierarchien. Diese ermöglichen die Zusammenfassung einzelner Themen zu Oberthemen und können so auch sehr gut für die Abbildung großer Strukturen verwendet werden. Durch die Referenzierung der Hierarchieelemente mit

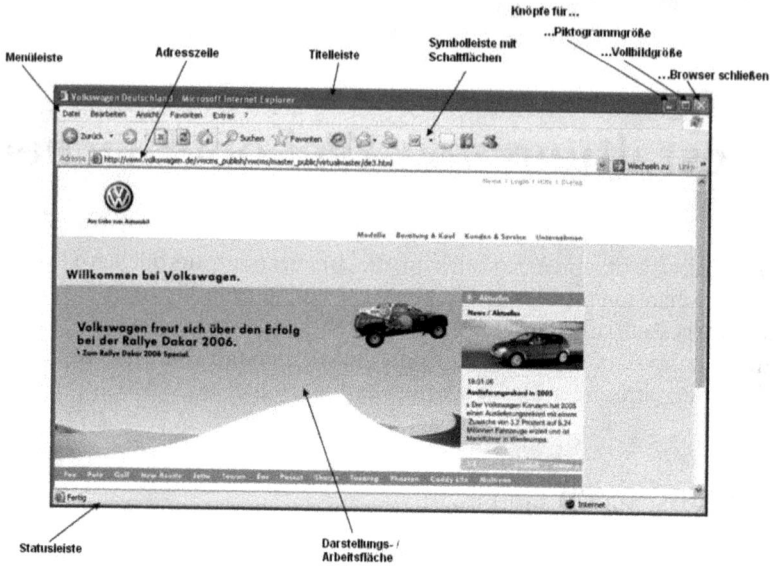

Abbildung 4.1: Benutzungsoberfläche eines Webbrowsers

den zugehörigen Webseiten, kann eine solche Baumstruktur auch zur Navigation eingesetzt werden. Auf Webseiten werden Baumhierarchien oft als vertikale Navigationsleiste am linken oder rechten Rand der Seite angezeigt (links öfter als rechts). Eine Alternative ist die Darstellung der Oberthemen in einer horizontalen Navigationsleiste am oberen Rand der Webseite. Die untergeordneten Themen werden dann in der Regel entweder in der vertikalen Navigationsleiste oder in einem aufklappenden Menü angezeigt.

Um dem Benutzer anzuzeigen, in welchem Bereich der Applikation er sich gerade befindet, sollte der entsprechende Referenzeintrag in der Navigationsleiste hervorgehoben werden. Eine Hierarchieübersicht hilft dem Benutzer darüber hinaus jederzeit feststellen zu können auf welcher Ebene der Applikation er sich gerade befindet.

Die Orientierung wird auch durch den gezielten Einsatz visueller Elemente (wie z.B. Farben oder Piktogramme) unterstützt. Beispielsweise könnten thematisch klar getrennte Bereiche mit unterschiedlichen Farben gekennzeichnet werden.

Nach [Bal00] kann sich ein Benutzer gut in einer Applikation orientieren, wenn

51

er jederzeit folgende Fragen beantworten kann:

- Was gibt es hier alles?

- Wie ist die Struktur der Applikation aufgebaut?

- Wo befinde ich mich im Moment innerhalb der Applikation?

- Habe ich alles gesehen und auch nichts Wichtiges übersehen?

- Wo sind die für mich relevanten Informationen?

Neben der Orientierung ist vor allem die *Navigation* ein wichtiger Aspekt der beim designen einer Webapplikation beachtet werden sollte. Der Begriff Navigation bezeichnet dabei die Art und Weise, wie ein Benutzer eine bestimmte Stelle der Applikation erreicht. Neben den bereits oben erwähnten Navigationsleisten wird die Navigation vor allem durch Inhaltsverzeichnisse in Form von *Sitemaps*, geführte Touren und Suchmechanismen unterstützt (diese dienen besonders dem schnellen Auffinden von Informationen).

Ein Benutzer kann laut [Bal00] gut in einer Applikation navigieren, wenn er jederzeit folgende Fragen beantworten kann:

- Wohin kann ich gehen, welche Wege gibt es hier?

- Wie komme ich zu einer bestimmten Stelle?

- Wo bin ich schon gewesen?

- Wie komme ich wieder zurück bzw. wie kann ich meinen Weg zurückverfolgen?

- Wie komme ich hier schnell wieder heraus?

Demnach sollte eine gute Navigation folgende Charakteristika besitzen:

- Die Navigation passt zu den Zielen, Erwartungen und dem Verhalten der Benutzer.

- Die Navigationselemente sind nicht dominant. Vielmehr funktioniert die Navigation intuitiv, ohne dass sich ein Benutzer explizit mit ihr auseinandersetzen muss.

- Die Navigationselemente sind sofort verständlich begreifbar. Ihre Bedienung muss nicht extra erlernt werden.

- Die Navigation ist konsistent, das heisst sie zieht sich einheitlich durch die Applikation.

- Die Navigation bietet dem Benutzer alternative Wege, um zu einem Ziel zu gelangen.

4.1.2 Dialoggestaltung

Die Entwickler von Benutzerdialogen sollten laut [Bal00] in erster Linie die Grenzen der menschlichen Informationsverarbeitung berücksichtigen und sich beim Entwerfen der Dialoge an diesen orientieren.

Ein Benutzer sollte sich auf dem Bildschirm schnell und sicher orientieren und die notwendigen Informationen erkennen und weiterverarbeiten können. Dabei ist es hilfreich wenn die Aufmerksamkeit des Benutzers durch die Software so gelenkt wird, dass er ohne Irritationen, Ablenkungen und Überforderungen seine Arbeitsaufgaben erledigen kann. Darüber hinaus ist es sinnvoll Dialoge so zu gestalten, dass sie sich nach festen, einheitlichen und eindeutigen Regeln verhalten, die für den Benutzer erkennbar sind. Eine wichtige Rolle spielt auch die Menge der Informationen, die ein Benutzer gleichzeitig verarbeiten muss. Es sollten höchstens drei Informationseinheiten über einen Zeitraum von maximal sieben Sekunden behalten werden müssen.

Mittlerweile gibt es eine Reihe von europäischen ISO Normen, in denen Richtlinien für die Gestaltung von Benutzerdialogen festgelegt sind. Einige davon werden in [Bal00] und [AI06] genannt und näher erläutert. [Bal00] geht dabei vor allem auf die *EN ISO 9241-10* ein und arbeitet folgende *Grundsätze der Dialoggestaltung* heraus:

- Aufgabenangemessenheit
  Der Benutzer ist in der Lage seine Arbeit effektiv (erfolgreiche Erledigung seiner Arbeitsaufgaben) und effizient (erfolgreiche Erledigung der Arbeitsaufgaben mit möglichst geringem Aufwand) zu verrichten.

- Selbstbeschreibungsfähigkeit
  Jeder Dialogschritt ist durch Rückmeldung des Dialogsystems unmittelbar verständlich (zum Beispiel durch „Tool Tips") oder wird dem Benutzer auf Anfrage erklärt (zum Beispiel durch eine „F1-Hilfe").

- Steuerbarkeit
  Der Benutzer muss in der Lage sein, den Dialog zu starten, sowie seine Richtung (zum Beispiel durch eine Undo-Funktion) und Geschwindigkeit (zum Beispiel durch manuelles weiterschalten zwischen einzelnen Dialogschritten) zu beeinflussen, bis das Ziel erreicht ist.

- Erwartungskonformität
  Der Dialog ist konsistent gestaltet und entspricht den Merkmalen des
  Benutzers (Beispielsweise den Kenntnissen aus seinem Arbeitsgebiet).

- Fehlertoleranz
  Das beabsichtigte Arbeitsergebnis wird trotz fehlerhafter Eingaben, mit
  keinem oder minimalem Korrekturaufwand durch den Benutzer, erreicht.

- Individualisierbarkeit
  Das Dialogsystem lässt Anpassungen an die Erfordernisse der Arbeits-
  aufgabe, sowie an die individuellen Fähigkeiten und Vorlieben des Benutzers zu (zum Beispiel durch die Möglichkeit verschiedenen Farben,
  Schriftgrößen, Tastenbelegungen usw. einzustellen).

- Lernförderlichkeit
  Der Benutzer wird beim Erlernen des Dialogsystems unterstützt und
  angeleitet (zum Beispiel durch Tutorials und geführte Touren).

4.1.3 Interaktionselemente

Für die Entwicklung von Weboberflächen stehen Designern und Entwicklern
eine Vielzahl von Interaktionselementen zur Verfügung.

Während auf Webseiten die ausschließlich mit HTML formatiert werden, im
Wesentlichen Formularelemente eingesetzt werden können, bieten Technologien wie JavaServer Faces die Möglichkeit auch komplexere Elemente, wie
beispielsweise Baumstrukturen, auf Weboberflächen darzustellen.

Sowohl klassische, als auch Web-Benutzungsoberflächen enthalten oftmals mehrere der folgenden Interaktionselemente:

- Einzeiliges Dateneingabefeld (Text Field)

- Mehrzeiliges Dateneingabefeld (Text Area)

- Feldbeschriftung (Label)

- Schaltfläche (Button)

- Einfachauswahlknopf (Radio Button)

- Mehrfachauswahlknopf (Check Box)

- Auswahlliste (List Box)

- Aufklappbare Auswahlliste (Drop-Down List Box)

- Tabelle (Table View)

- Baum (Tree View)

- Piktogramm (Icon)

- Grafik (Image)

- Schieberegler (Slider)

- Register (Tabbed Pane)

- Rollbalken (Scrollbar)

- Trennbalken (Splitbar)

- Gruppenumrandung (Group Box)

- Gruppenüberschrift (Group Heading)

- Spaltenüberschrift (Column Heading)

Für Weboberflächen muss diese Aufzählung noch um das Verweis-Element (Hyperlink) ergänzt werden.

Ein wichtiger Aspekt bei der Gestaltung von Benutzungsoberflächen ist die Gruppierung der eingesetzten Interaktionselemente. Nach [Bal00] lassen sich sinnvolle Gruppierungen erreichen durch:

- Räumliche Nähe

- Räumliche Anordnung

- Umrandung

- Umkehrung der Polarität

- Eine gemeinsame Helligkeitsstufe oder Farbe

Die Gruppierung sollte sich dabei an den Prinzipien der Gestaltungspsychologie orientieren. Diese lassen sich in drei verschiedene Bereiche zusammenfassen.

Prinzip der guten Gestalt Das Prinzip der guten Gestalt geht davon aus, dass sich bei der Wahrnehmung von Figuren (beispielsweise mehrere gruppierte Elemente) immer eine Gliederung durchsetzt. Werden mehrere mögliche Gliederungen der Figur wahrgenommen, so setzt sich immer diejenige durch, welche die einheitlichste, einfachste oder auch „beste" Gesamtgestalt ergibt. Einfache, übersichtliche Figuren lassen sich also schneller erfassen und besser vom menschlichen Gehirn verarbeiten.

Figur-Grund Unterscheidung Teilflächen von zweidimensionalen Gebilden, können als *Figur* oder als *Grund* wahrgenommen werden. Es ist daher wichtig, eine Benutzungsoberfläche so zu gestalten, dass eine Gruppe als Figur wahrgenommen wird und die übrigen Elemente in den Hintergrund treten. Beispielsweise werden kleinere Elemente vor größeren Hintergründen und dunklere Elemente vor helleren Hintergründen eher als Figur wahrgenommen. Das gleiche gilt für symmetrische und zentral angeordnete Elemente.

Binnengliederung Die Prinzipien der Binnengliederung legen fest, auf welche Art und Weise bestimmte Elemente zu einer Gruppe bzw. Figur zusammengefasst werden können. Elemente können zum Beispiel nach dem *Prinzip der Nähe*, dem *Prinzip der Ähnlichkeit* oder dem *Prinzip der guten Fortsetzung* zusammengesetzt werden (Detaillierte Informationen zu den Prinzipien werden in [Bal00] auf den Seiten 615 bis 624 erläutert).

Auch die Hervorhebung bestimmter Elemente kann zur Gruppierung eingesetzt werden. Hervorhebungen eignen sich vor allem für die Trennung verschiedener Informationsarten und die unterschiedliche Gewichtung der dargestellten Informationen. Die Aufmerksamkeit des Benutzers kann dadurch gezielt auf bestimmte Informationen gelenkt werden.

Eine weitere Möglichkeit Interaktionselemente in verschiedene Gruppen aufzuteilen, ist die Verwendung von Farben. Dies gilt besonders für die:

Figur-Grund Unterscheidung Mehrere Elemente, die sich von anderen Elementen durch eine bestimmte Farbe unterscheiden, werden leichter wahrgenommen. Dagegen bewirkt die Verwendung gleichfarbiger Elemente eine größere Ähnlichkeit, als beispielsweise Form oder Helligkeit. Außerdem werden Textteile in gleicher Farbe als zusammengehörig wahrgenommen, wenn es maximal drei bis vier unterschiedliche Farben auf dem Bildschirm gibt.

Suchen, Auffinden, Identifizieren und Zuordnen Eine Farbe wird in einer Suchmenge sehr schnell entdeckt. Figuren bzw. Elemente könne aufgrund einer gleichen Farbe in der Regel schneller gezählt werden, als aufgrund eines gemeinsamen Formenmerkmals. Darüber hinaus werden Farben von Benutzern als angenehm, ästhetisch, ansprechend, anregend und hilfreich bewertet.

Erkennen und Erinnern Farben werden schneller erkannt als Größen oder Helligkeiten.

Der Einsatz von Farben sollte jedoch mit Bedacht erfolgen. Die Verwendung von mehr als sechs verschiedenen Farben kann zur Verwirrung des Benutzers führen und empfiehlt sich daher nicht. Zu beachten ist auch eine konsistente Verwendung von Farben. So sollte beispielsweise die Farbe Rot *Halt* oder *Gefahr* bedeuten, Grün hingegen sollte eher für *Weiter* oder *Sicher* stehen.

4.2 Oberflächengestaltung in SAP Web Dynpro und IBM Portlets

Dieser Abschnitt untersucht die beiden Varianten der PTL Pilot Applikation hinsichtlich der Gestaltungsmöglichkeiten für Benutzungsoberflächen, sowie der Umsetzung der im letzten Abschnitt vorgestellten Grundlagen und Richtlinien.

4.2.1 Web Dynpro-Applikationen

Allgemeine Gestaltungsmöglichkeiten

Wie bereits in Abschnitt 2.2.3 erläutert, wird die Benutzungsoberfläche einer Web Dynpro-Applikation durch ein oder mehrere Views repräsentiert. Zur Gestaltung der Benutzungsoberfläche wird der *View Designer* eingesetzt, der dem Entwickler eine Vielzahl bereits vorgefertigter Interaktionselemente für den Aufbau der Oberfläche Verfügung stellt.

Die Elemente können aus einer Werkzeugleiste direkt in den Arbeitsbereich des View Designers „gezogen" werden, so dass die gesamte Oberfläche quasi per „Drag & Drop" erstellt werden kann. Alternativ dazu können die Elemente aber auch in eine Baumstruktur eingefügt werden, die durch ihre hierarchische

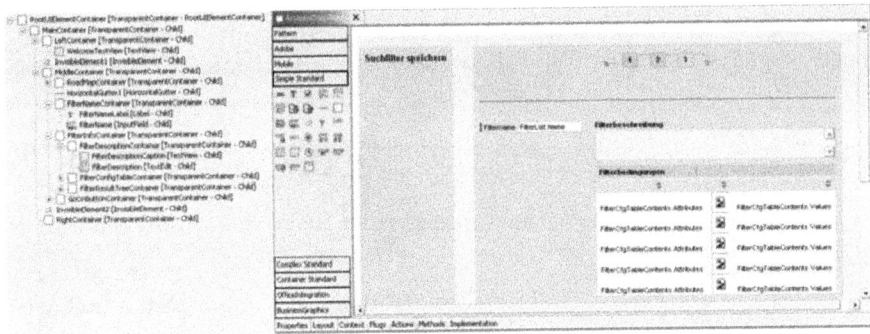

Abbildung 4.2: Baumstruktur mit Oberflächenelementen & View Designer

Anordnung der Interaktionselemente den logischen Aufbau der Benutzungsoberfläche darstellt.

Eines der wichtigsten Interaktionselemente in einer Web Dynpro-Applikation
ist der *Transparent Container*. Dieses Element ist nicht auf der Oberfläche
sichtbar, sondern wird vielmehr zur Gruppierung anderer Interaktionselemente
eingesetzt. Die gezielte Verwendung von Transparent Containern verschafft der
Benutzungsoberfläche eine klare und übersichtliche Struktur.

Transparent Container können in beliebiger Anzahl und Schachtelungstiefe der
Oberfläche hinzugefügt werden. Die in ihnen enthaltenen Interaktionselemente
werden nach einem von vier Layouts, dass für jeden Container angegeben
werden muss, angeordnet. Dabei handelt es sich um:

- Das *Flow Layout*, das die Elemente reihenförmig von links nach rechts
  anordnet.

- Das *Row Layout*, welches als Erweiterung des Flow Layout die Elemente
  in horizontalen Reihen auf der Oberfläche darstellt, jedoch keine vertikale Anordnung vornimmt.

- Das *Matrix Layout*, zur tabellenförmigen Anordnung der Interaktionselemente.

- Das *Grid Layout*, um die Elemente in einer Tabellenstruktur mit fest
  vorgegebener Spaltenanzahl anzuordnen.

Ein Transparent Container (der so genannte `RootUIElementContainer`) ist
auch das Wurzelelement jeder Oberflächenbaumstruktur und enthält damit
alle Interaktionselemente der Benutzungsoberfläche eines Views. Bis auf den

Schieberegler, sind das sämtliche im vorherigen Abschnitt angegebenen Elemente, ergänzt um einige Web Dynpro spezifische Elemente, wie beispielsweise:

- Das *Date Navigator* Element, das einen vorgefertigten Kalender bereitstellt.

- Das *Road Map* Element, zur Anzeige einer Reihe von zu durchlaufenden Schritten.

- Das *File Download / Upload* Element, das einen vereinfachten (auf Weboberflächen üblichen) Dialog für das herunter- bzw. hochladen von Dateien bereitstellt.

- Das *Office Control* Element zur direkten Anzeige von Microsoft Word- oder Microsoft Excel-Dokumenten.

- Das *Geo Map* Element zur Anzeige von geographischen Karten.

Die Interaktionselemente einer Web Dynpro Applikation können nur sehr begrenzt in ihrem Aussehen verändert werden. So kann der Inhalt eines `TextView` (Element zum Anzeigen von Texten) zwar in verschiedenen Schriftarten und -größen angezeigt werden, die Auswahlmöglichkeiten beschränken sich jedoch auf den Typ des anzuzeigenden Textes (z.B. `Standard`, `Header1` oder `Emphasized`). Eine direkte Angabe von Schriftart oder Schriftgröße ist nicht möglich, sondern wird implizit durch den Typ festgelegt.

SAP verzichtet ganz bewußt darauf, dem Entwickler die Möglichkeit zu bieten, Interaktionselemente direkt zu formatieren. Vielmehr wird durch ein übergeordnetes *Theme* ein einheitliches Design für die Elemente vorgegeben, um eine durchgängige und konsistente Darstellung zu gewährleisten. Es ist also nicht möglich jedem Element auf der Oberfläche ein individuelles Aussehen zu verleihen.

Die vorhandenen Themes können aber verändert und somit an das *Corporate Design* des Unternehmens angepasst werden. Hierfür wird allerdings ein spezielles Plugin, das *Theme Editor Plugin*, benötigt, das von den Servern des *SAP Developer Network* heruntergeladen und im Developer Studio installiert werden kann. Mit dem Theme Editor lassen sich dann diverse Formatierungseinstellungen für die in Web Dynpro angebotenen Interaktionselemente vornehmen. Die Installation und das Anpassen von Themes wird in [Bha05] beschrieben.

Benutzungsoberfläche der PTL Pilot Web Dynpro Variante

Die gerade erwähnte Verpflichtung zur Verwendung eines Themes hat die Möglichkeiten der Benutzungsoberflächengestaltung der PTL Pilot zwar einerseits eingeschränkt. Andererseits erleichterte diese Einschränkung die Entwicklung der Oberfläche, da ein einheitliches Design der verwendeten Interaktionselemente nicht explizit geschaffen werden musste. Stattdessen wurde das *SAP Standard Theme* verwendet, dessen Formatierungseinstellungen an die Oberflächen von klassischen SAP R/3 Dynpro Applikationen erinnern.

Die PTL Pilot ist eine sehr kleine Applikation und benötigt daher zur Navigation lediglich eine horizontale Leiste, die direkt unter dem Kopfbereich angeordnet ist. Über die auf dieser Leiste angezeigten Hyperlinks gelangt der Benutzer auf die drei Hauptseiten der Applikation (Startseite, Suchfilterseite und Hilfeseite). Die Navigationsleiste wird auf jeder Seite der Applikation angezeigt, um dem Benutzer die Möglichkeit zu geben, jederzeit zu einer der drei Hauptseiten zu navigieren.

Die Struktur und der Aufbau der einzelnen Applikationsseiten ist bewußt relativ einfach gehalten. Auf jeder Seite wird eine Kopf- und eine Fusszeile (immer dieselbe) und wie bereits erwähnt die Navigationsleiste angezeigt. Der mittlere Bereich der Seiten besteht jeweils aus zwei oder drei unterschiedlich großen Flächen. Die Anzahl der Flächen hängt dabei von der Menge der Informationen ab, die auf der Seite dargestellt sind. Auf der Suchfilter- und Suchergebnisseite müssen sehr viele Informationen möglichst übersichtlich dargestellt werden und wurden deshalb auf eine große Fläche (rechts) und eine wesentlich kleinere Fläche (links) verteilt. Die kleinere Fläche ist auch auf den Seiten des Filterassistenten vorhanden. Sie ist überall gleichgroß und zeigt mit einem kurzen, nicht länger als zwei Worte umfassenden, Text das „Thema" der Seite an. Der Benutzer erhält so eine Orientierung wo er sich befindet und was er auf dieser Seite erwarten kann. Lediglich auf der Suchergebnisseite wurde zugunsten der Baumstruktur auf die Anzeige des Seitenthemas verzichtet.

Die Seiten des Filterassistenten wurden im Mittelbereich in drei Flächen unterteilt. Jede der Seiten zeigt ganz bewußt nur sehr wenige Informationen an, um den Benutzer, der hier ständig bestimmte Einstellungen vornehmen muss, nicht zu überfordern. Dabei sollen die kleinen, fast leeren Flächen links und rechts, die mittlere Fläche auf der die Informationen angezeigt werden eingrenzen und so die Aufmerksamkeit des Benutzer genau dorthin lenken.

Die auf den Seiten dargestellten Informationen wurden nach Möglichkeit weiter gruppiert. So sind auf der Suchfilterseite die Übersicht mit den vorhandenen Suchfiltern und die Details zum aktuell selektierten Suchfilter in zwei untereinander angeordnete Bereiche getrennt. Auf der Suchergebnisseseite und den Seiten des Filterassistenten wurde eine räumliche Distanz zwischen unterschiedlichen Informationen geschaffen, um diese besser voneinander abzugrenzen. Darüber hinaus werden auf allen Seiten der Applikation nur die vom Benutzer wirklich benötigten Informationen dargestellt.

Die Hilfeseite wurde nur mit einer Überschrift versehen und kann damit nicht als vollständig fertiggestellte Seite betrachtet werden. Auch auf der Startseite ließen sich neben dem Begrüßungstext und dem Namen des Benutzers problemlos noch weitere Informationen unterbringen.

4.2.2 Portlet-Applikationen

Allgemeine Gestaltungsmöglichkeiten

Im Gegensatz zu Web Dynpro Applikationen, wird die Benutzungsoberfläche einer Portlet-Applikation nicht durch abstrakte Views, sondern durch HTML-Seiten oder JavaServer Pages dargestellt, wobei die Oberflächen der in der PTL Pilot verwendeten JSF-Portlets in der Regel ausschließlich als JavaServer Pages implementiert werden.

Ebenso wie das NetWeaver Developer Studio bietet der Rational Application Developer für die Gestaltung von Benutzungsoberflächen eine Vielzahl von vorgefertigten Interaktionselementen. Die Bandbreite variiert dabei von einfachen Rahmengerüsten für HTML-Elemente bis hin zu komplexen Tags für JavaServer Pages. Insbesondere für JSF-Portlets wird eine umfangreiche Tagbibliothek zur Verfügung gestellt, die neben den Standard-Tags aus der JavaServer Faces Spezifikation ([MBK04]) auch einige Erweiterungen von IBM enthält (beispielsweise die `PanelGroupBox` als Container für Interaktionselemente, oder die diversen Media-Player Tags).

Die vordefinierten Interaktionselemente werden im *Palette View* angezeigt. Sie können per „Drag & Drop" in die Entwurfsansicht einer JavaServer Page eingefügt werden. Direkt unter dem Page Designer wird ein Editor angezeigt in dem die einzelnen Elemente konfiguriert werden können (Abbildung 4.3).

Neben elementspezifischen Layout-Eigenschaften läßt sich für fast jedes Interaktionselement eine Stylesheet-Klasse angeben. Diese muss aus einer der .CSS-Dateien ausgewählt werden, die sich im Ordner *WebContent/theme* der Portlet-Applikation befinden (siehe auch Abbildung 3.9). Dabei können für

Elemente gleichen Typs auch verschiedene Klassen angegeben werden (beispielsweise zwei Klassen für zwei Buttons), so dass eine individuelle Konfiguration möglich ist. Die Darstellungseigenschaften eines Elements können aber auch direkt eingestellt werden, ohne dass dazu eine Stylesheet-Klasse angelegt werden muss. Die im *theme*-Ordner vorhandenen .CSS-Dateien können bearbeitet und somit an die eigenen Anforderungen angepasst werden (ein „Doppelklick" auf eine Datei öffnet diese im Page Designer).

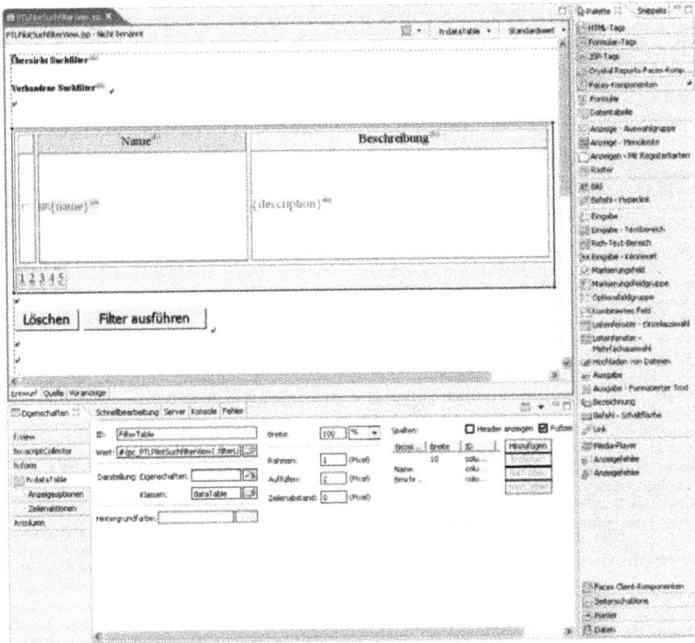

Abbildung 4.3: IRAD - Page Designer Editor und Palette View

Anstatt beim Entwerfen einer JavaServer Page die Elemente per „Drag & Drop" auf der Oberfläche zu plazieren, hat der Entwickler auch die Möglichkeit den Quelltext der Seite zu editieren. Dazu wechselt er auf den Kartenreiter *Quelle* (am unteren Rand des Page Designers). Außerdem ist im Page Designer eine Vorschau (Kartenreiter *Vorschau* integriert, so dass jederzeit geprüft werden kann, wie die Seite in einem Webbrowser angezeigt wird.

Alle in Abschnitt 4.1.3 genannten Interaktionselemente, mit Ausnahme des Schiebereglers, sind auch in JSF-Portlets verfügbar. Auch Elemente wie eine Baumstruktur, eine Diagrammansicht und ein Datenraster (komplexe Datentabelle) werden unterstüzt. Allerdings gelten für Portlets einige Einschränkungen. So können beispielsweise weder ein *File Upload*- noch ein *Media Player*-Element auf der Benutzungsoberfläche eines Portltes verwendet werden.

Benutzungsoberfläche der PTL Pilot Portlets

Die Benutzungsoberfläche der Portlet-Variante der PTL Pilot besteht, wie in Abschnitt 3.3.1 ausgeführt, aus drei Portlets, die neben- und untereinander auf einer Portalseite dargestellt werden.

Die Portlets wurden dabei bewußt so angeordnet, dass sich das Suchfilter-Portlet ganz links befindet und somit sofort in den Aufmerksamkeitsbereich des Benutzers fällt (Leserichtung von links nach rechts). Die im Fenster des Suchfilter-Portlets angezeigten Informationen wurden genauso strukturiert, wie die Informationen auf der Suchfilterseite der Web Dynpro-Applikation. Demnach werden die Filter mit Namen und Beschreibung in einer Übersichtstabelle dargestellt. Direkt unter dieser Tabelle werden Ergebnisstruktur und Filter-Bedingungssätze des zuletzt selektierten Filters angezeigt.

Unterhalb des Suchfilter-Portlets befindet sich das Suchergebnisse-Portlet. Die Entscheidung diesen beiden Portlets untereinander anstatt nebeneinander anzuordnen, ist darauf zurückzuführen, dass die Darstellung von Suchergebnissen unter Umständen sehr viel Platz in Anspruch nehmen kann, der neben dem Suchfilter-Portlet nicht mehr vorhanden wäre. Darüber hinaus wird der, ständig an die Situation angepasste Hilfetext, im Onlinehilfe-Portlet immer am äußeren rechten Rand der Portalseite angezeigt und ist damit für den Benutzer schnell auffindbar.

In einem WebSphere Portal sorgt ein übergreifend einheitliches Layoutdesign dafür, dass sämtliche Portlet-Applikationen die gleiche „äußere Erscheinung" aufweisen (gleiches Aussehen der Fensterrahmen, ständig verfügbare, immer gleich aussehende Portal-Navigation usw.). Für die Portal-Testumgebung wurde das für Portal-Projekte vom Rational Application Developer angebotene *Engineering Design* ausgewählt, das in leichten Rot- und Brauntönen gehalten ist.

5 ABAP Programmierung und Datenmanagement

In den vorherigen Kapiteln wurden bisher lediglich die Umsetzung der PTL Pilot als Web Dynpro- und als Portlet-Variante betrachtet. Die eigentliche Datenverarbeitung der PTL Pilot findet allerdings, wie bereits mehrfach erwähnt, in einem SAP R/3 System statt.

Dieses Kapitel beginnt mit einer kurzen Einführung in die „SAP-Programmiersprache" ABAP und erläutert anschließend, wie damit die Datenverarbeitung für die PTL Pilot programmiert wurde. Darüber hinaus werden die wichtigsten Grundlagen der persistenten Datenspeicherung in R/3 Systemen vorgestellt. Der letzte Abschnitt dieses Kapitels untersucht schließlich den Datenaustausch zwischen SAP R/3 Systemen und Web Dynpro- bzw. Portlet-Applikationen.

5.1 Die Programmiersprache ABAP

5.1.1 Übersicht

Der Begriff ABAP steht für *Advanced Business Application Programming* und bezeichnet eine Programmiersprache die von der Firma SAP entwickelt wurde und ausschließlich in SAP Systemen eingesetzt werden kann. Die Sprache existiert bereits seit den siebziger Jahren und wurde damals ausschließlich für die Erstellung von Reports in SAP R/2 Systemen benutzt.

Inzwischen hat sich ABAP enorm weiterentwickelt und wurde zuletzt (Anfang des Jahres 2000) mit *ABAP Objects* sogar um objektorientierte Bestandteile erweitert. Selbst das 1992 auf dem Markt erschienene System SAP R/3 wurde bis auf den in C geschriebenen Systemkern vollständig in ABAP implementiert.

Wie in [Wik06a] ausgeführt, wurde ABAP speziell für die Massendatenverarbeitung in Geschäftsanwendungen entwickelt und bietet gegenüber anderen elementaren Programmiersprachen eine Reihe von Vorteilen:

- Der *Open SQL* Befehlssatz wurde nahezu komplett in die Sprache übernommen. SQL-Befehle können somit direkt, ohne Umweg über eine externe Bibliothek, in der Sprache verwendet werden

- Die ABAP Laufzeitumgebung optimiert die Performance von Datenbankzugriffen durch ein eigenes Pufferungskonzept

- Massendaten können in so genannten *internen Tabellen* temporär im Arbeitsspeicher gehalten und dort bearbeitet werden

- ABAP enthält mit dem *Remote Function Call (RFC)* eine Schnittstelle zu externen nicht-SAP Programmen (siehe auch [SAP06g])

ABAP-Programme werden in der Regel in der *ABAP Workbench* erstellt, einer Entwicklungsumgebung, die vollständig in das SAP R/3 System integriert ist. Die ABAP Workbech ist ein mächtiges Werkzeug, das auch die Entwicklung von größeren und verteilten Softwareprojekten ermöglicht.

Ein wesentliches Merkmal jedes ABAP-Entwicklungsprozesses ist das so genannte *Transportwesen*. Dabei werden Programme zunächst in einem Entwicklungssystem (E-System) erstellt und rudimentär getestet. Ist ein gewisser Entwicklungsstand erreicht, wird die Software in ein Qualitätssicherungssystem (Q-System) „transportiert". Dort werden ausführliche Tests vorgenommen, bevor die Software schließlich endgültig freigegeben wird und ins Produktivsystem (P-System) gelangt.

Eine sehr ausführliche Einführung in die Programmiersprache ABAP und die objektorientierte Erweiterung ABAP Objects bietet [KK01]. Die wesentlichen Elemente der Sprache werden auch in [Wik06a] genannt.

Ein einfaches ABAP Programm

Abbildung 5.1 zeigt die Implemtierung eines „Hello World"-Programms im Editor der ABAP Workbech. Das Programm wird mit dem Schlüsselwort RE-PORT eingeleitet und mit einem Parameter vom Typ C (Char) aufgerufen, den der Benutzer des Programms selbst setzen kann und der standardmäßig mit der Zeichenfolge „Hello World" belegt ist. Nach Ausführung des Programms werden auf dem Bildschirm die Zeilen „The input was" und „Hello World" ausgegeben, sofern der Parameter vor dem Aufruf nicht verändert wurde.

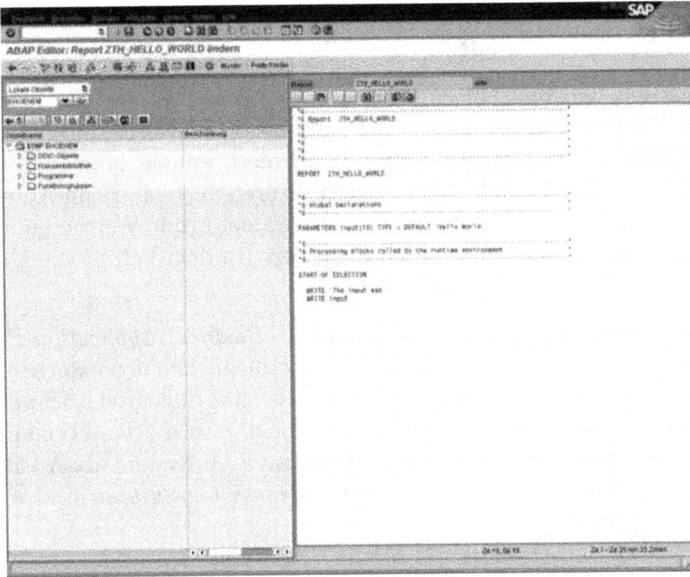

Abbildung 5.1: ABAP Workbench mit „Hello World"-Programm

5.1.2 Funktionsbausteine

Funktionsbausteine sind ABAP-Prozeduren, die speziell für den externen Aufruf aus anderen ABAP-Programmen vorgesehen sind. Sie haben in der klassischen ABAP Programmierung eine große Bedeutung erlangt, da man mit ihnen sehr gut wiederverwendbare und anwendungsübergreifende Softwarekomponenten für ein SAP System entwickeln kann.

Funktionsbausteine können nur in ABAP-Programmen vom Typ *Funktionsgruppe* angelegt werden. Eine Funktionsgruppe dient dabei einerseits als eine Art Container für Funktionsbausteine, andererseits kann sie aber auch einen globalen Deklarationsteil enthalten, in dem z.B. Datentypen oder Datenobjekte definiert sein können, auf die alle Funktionsbausteine der Gruppe Zugriff haben. Aus objektorientierter Sicht lässt sich eine Funktionsgruppe quasi als Klasse betrachten, die darin enthaltenen Funktionsbausteine als öffentliche Klassenmethoden und die globalen Daten als private Attribute.

Als einzige Art von ABAP-Programmen können Funktionsbausteine auch von Programmen außerhalb eines SAP Systems (also nicht-SAP Programmen) aufgerufen werden. Dazu müssen diese (die Funktionsbausteine) allerdings als „RFC-fähig" deklariert werden.

Jeder Funktionsbaustein hat eine nach außen offen sichtbare Schnittstelle in der in den Baustein eingehende (Importparameter) und vom Baustein zurückgegebene Parameter (Exportparameter) definiert werden können. Dabei ist auch die Angabe von kompletten Datenstrukturen möglich. Beim Aufruf eines Funktionsbausteins müssen dessen Importparameter mit Werten gefüllt werden, es sei denn sie sind als optional deklariert (in dem Fall ist die Übergabe eines Wertes nicht unbedingt erforderlich).

Funktionsbausteine sind auch als Methoden in *Business Application Programming Interfaces (BAPIs)* vorhanden. BAPIs ermöglichen den externen Zugriff auf SAP-Funktionalität über offizielle, stabile und dialogfreie Schnittstellen und bilden als Bestandteil von *Business Objekttypen* die Funktionalität von betriebswirtschaftlichen Sachverhalten in einem SAP System ab. Ausführliche Informationen zum Thema *BAPIs* und *Business Objekttypen* finden sich in [SAP06b] und [SAP06f].

5.1.3 Die Funktionsbausteine der PTL Pilot

Für die Beschaffung und Manipulation von Daten (Filter, Bauteile, Bauteilinformationen) werden in der PTL Pilot eine Reihe von Funktionsbausteinen eingesetzt. Durch die Möglichkeit die Datenbanksprache *Open SQL* direkt in ABAP Programmen zu verwenden, konnten die benötigten Datenbankabfragen und -manipulationen ohne Weiteres im Coding dieser Funktionsbausteine implementiert werden.

Im Einzelnen wurden folgende Funktionsbausteine für die PTL Pilot programmiert:

- ZDA_CHANGE_FILTER
  Dieser Funktionsbaustein überträgt die an einem Filter vorgenommenen Veränderungen (Änderung von Name und Bezeichnung) in die Datenbank.

- ZDA_EXECUTE_FILTER
  Dieser Funktionsbaustein führt einen Filter aus, das heisst er beschafft die Daten, die in der Webapplikation als Suchergebnisse angezeigt werden.

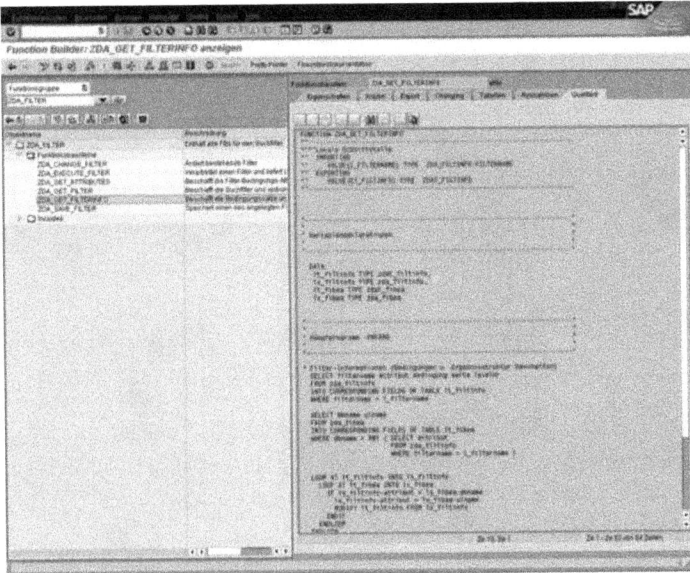

Abbildung 5.2: ABAP Workbench mit Funktionsbausteinen der PTL Pilot

- **ZDA_GET_ATTRIBUTES**
  Dieser Funktionsbaustein beschafft die Attribute, die in den Bedingungs-
  ätzen eines Filters verwendet werden können.

- **ZDA_GET_FILTER**
  Dieser Funktionsbaustein beschafft die Filter (ohne Bedingungssätze und
  Ergebnisstruktur), die auf der Suchfilterübersichtsseite in der Webappli-
  kation angezeigt werden.

- **ZDA_GET_FILTERINFO**
  Dieser Funktionsbaustein beschafft die Bedingungssätze und Ergebnis-
  truktur zu einem (als Importparameter übergebenen) Filter.

- **ZDA_SAVE_FILTER**
  Dieser Funktionsbaustein speichert einen neu angelegten Filter in der
  Datenbank (inklusive der Bedingungssätze und der Ergebnisstruktur).

Das folgende Listing zeigt die Implementierung des Funktionsbausteins
ZDA_GET_FILTER:

FUNCTION ZDA_GET_FILTER.

```
*"_____
*"*"Lokale  Schnittstelle:
*"  EXPORTING
*"      VALUE(ET_FILTER) TYPE  ZDAT_FILTER
*"_____


*_____*
*  Variablendeklarationen                         *
*_____*
  DATA:
     lt_filter TYPE zdat_filter.


*_____*
*  Hauptprogramm –ANFANG                           *
*_____*
*Filter  beschaffen  (Name  und  Beschreibung  der  Filter)
  SELECT name beschreibung szenarioname
  INTO CORRESPONDING FIELDS OF TABLE lt_filter
  FROM zda_filter
  ORDER BY name ASCENDING.

  et_filter = lt_filter.
*_____*
*  Hauptprogramm –ENDE                             *
*_____*
ENDFUNCTION.
```

Jeder Funktionsbaustein wird mit dem Schlüsselwort FUNCTION eingeleitet und mit ENDFUNCTION geschlossen. Direkt unter FUNCTION folgt in der Regel ein Kommentarblock, der Auskunft über die Import- und Exportparameter des Funktionsbausteins gibt. Wie das Listing zeigt, verfügt dieser Baustein nur über den Exportparameter ET_FILTER, vom Typ ZDAT_FILTER, dessen Wert an den Aufrufer der Schnittstelle übergeben wird.

Mit dem Schlüsselwort DATA beginnt die Deklaration der lokalen Variablen eines Funktionsbausteins. Dieser Baustein enthält lediglich die Variable LT_FILTER, ebenfalls vom Typ ZDAT_FILTER. Da es sich bei ZDAT_FILTER um einen Tabellentyp handelt, ist LT_FILTER als interne Tabelle deklariert.

Die eigentliche Funktion des Bausteins besteht darin, bestimmte Daten aus der Datenbanktabelle ZDA_FILTER zu beschaffen und in der internen Tabelle LT_FILTER abzulegen. Die Daten können ohne Weiteres in LT_FILTER kopiert

werden, da der Tabellentyp `ZDAT_FILTER` die Struktur von `ZDA_FILTER` repräsentiert.

Die letzte Anweisung in diesem Funktionsbaustein sorgt schließlich dafür, dass
die Daten aus `LT_FILTER` in die Exportstruktur `ET_FILTER` umkopiert werden
und damit an der Schnittstelle des Bausteins zur Verfügung stehen.

5.2 Datenhaltung

5.2.1 Datenhaltung in SAP R/3 Systemen

Ein klassisches SAP R/3 System ist nach einer Drei-Schichten-Architektur
aufgebaut. Die so genannte *Präsentationsschicht* liegt dabei ganz oben in der
Schichtenhierarchie und dient zur Interaktion von Applikationen mit ihren
Benutzern. Auf der mittleren Ebene wird die *Applikationsschicht* in der Regel durch mehrere Applikationsserver vertreten, auf denen sämtliche zum R/3
System gehörende Applikationen ausgeführt werden. Für die persistente Si-
cherung der oftmals großen Datenbestände eines R/3 Systems, gibt es auf
unterster Ebene der Hierarchie die *Datenhaltungsschicht*, auf der eine oder
mehrere Datenbanken verschiedener Hersteller eingesetzt werden können.

Datenbanktabellen und andere Datenobjekte werden in einem SAP R/3 System im *ABAP Dictionary* angelegt. Dieses ist über eine SAP-eigene Daten-
bankschnittstelle mit einer relationalen Datenbank verbunden, die dafür sorgt,
dass an die Datenbank gesendete SQL-Statements korrekt verarbeitet werden
und Datenbanken verschiedener Hersteller mit dem R/3 System kommunizieren können (siehe auch [SAP06a]).

Das ABAP Dictionary lässt sich in jedem R/3 System über die Transakti-
on *SE11* aufrufen und bietet einem Entwickler gleich im Einstiegsbildschirm
die Möglichkeit, unter anderem Datenbanktabellen, Datenbankviews, Datenobjekte und Datenstrukturen anzulegen, einzusehen oder zu bearbeiten. Abbildung 5.3 zeigt die Felder einer im ABAP Dictionary definierten Datenbanktabelle.

Neben dem ABAP Dictionary steht dem Applikationsentwickler das Werkzeug *Data Browser* zur Verfügung, mit dem sich die Inhalte von Datenbanktabelle des Dictionarys anzeigen und manipulieren lassen (Abbildung 5.4).
Der Entwickler kann sich damit beispielsweise bei Testläufen einen Überblick
verschaffen, welche Daten sich vor und nach dem Ablauf einer Applikation

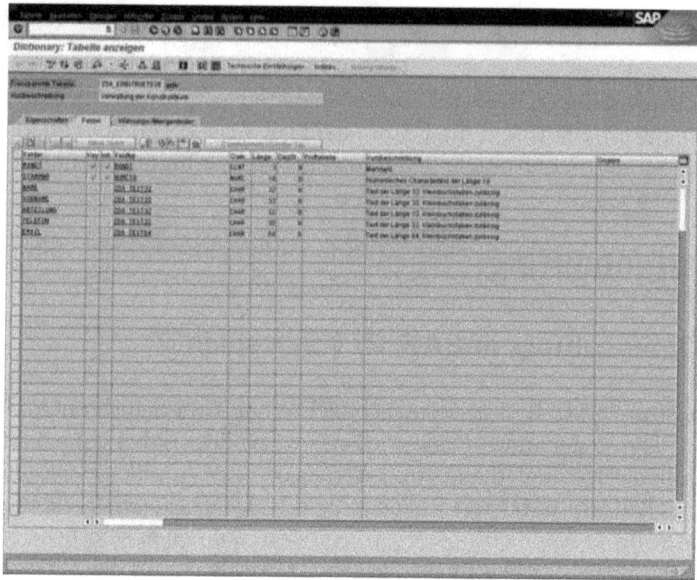

Abbildung 5.3: Datenbanktabelle im ABAB Dictionary

oder Funktion in einer oder mehreren bestimmten Datenbanktabellen befinden. Eine andere Möglichkeit der Nutzung des Data Browsers ist das manuelle Anlegen von Testdaten.

Ausführliche Informationen zum Data Browser und dem ABAP Dictionary finden sich in [SAP06d] bzw. [SAP06c].

5.2.2 Das Datenmodell der PTL Pilot

Wie bereits in Abschnitt 5.1.3 erwähnt, werden die Daten der PTL Pilot ausschließlich über Funktionsbausteine beschafft und manipuliert. Die zur Verwaltung der Daten verwendeten Datenbanktabellen wurden dementsprechend im ABAP Dictionary angelegt.

Das Datenmodell der PTL Pilot umfasst insgesamt neun Tabellen, die in zwei Gruppen eingeteilt werden können.

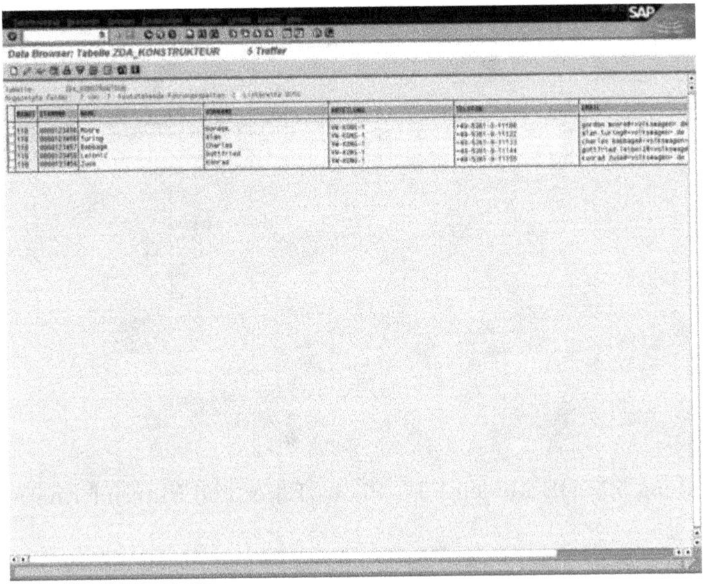

Abbildung 5.4: Data Browser eines SAP R/3 Systems

Filter und Filterinformationen

Diese Gruppe enthält die folgenden drei Datenbanktabellen (siehe auch Abbildung 5.5):

- *Filter*, zur Verwaltung von Suchfiltern

- *FiltInfo*, zur Verwaltung von Bedingungssätzen und Ergebnisstrukturen für die in der Tabelle *Filter* gespeicherten Suchfilter

- *FiBeA*, zur Verwaltung der Attribute, die zum Anlegen von Bedingungssätzen verwendet werden können (siehe Abschnitt 3.1.3)

Bauteile und Bauteilinformationen

In diese Gruppe lassen sich die verbleibenden sechs Datenbanktabellen einordnen. Dabei handelt es sich im Einzelnen um die Tabellen:

- *Bauteile*, zur Verwaltung von Bauteilen

- *Konstrukteur*, zur Verwaltung von Konstrukteuren

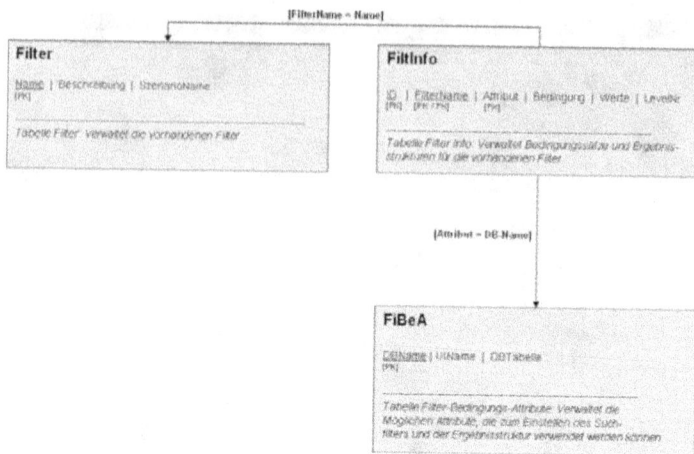

Abbildung 5.5: DB Modell PTL Pilot - Filter und Filterinformationen

- *Derivate*, zur Verwaltung von Derivaten
- *FertKon*, zur Verwaltung von Fertigungskonzepten
- *Baulose*, zur Verwaltung von Baulosen
- *BauteileCon*, zur Verbindung der Tabellen *Bauteile*, *Konstrukteur*, *Derivate* und *Baulose*

Abbildung 5.6 zeigt wie diese sechs Tabellen zueinander in Beziehung stehen und welche Felder sie enthalten.

Sämtliche Tabellen wurden im ABAP Dictionary mit dem Namenspräfix ZDA_[1] angelegt, um eventuell auftretenden Namenskonflikten vorzubeugen.

5.3 Datenaustausch

5.3.1 Technische Grundlagen

---

[1]Eigenentwicklungen müssen in SAP R/3 Systemen immer mit dem Buchstaben „Z" oder „Y" beginnen. Die Zeichenfolge „DA" steht für „Diplomarbeit"

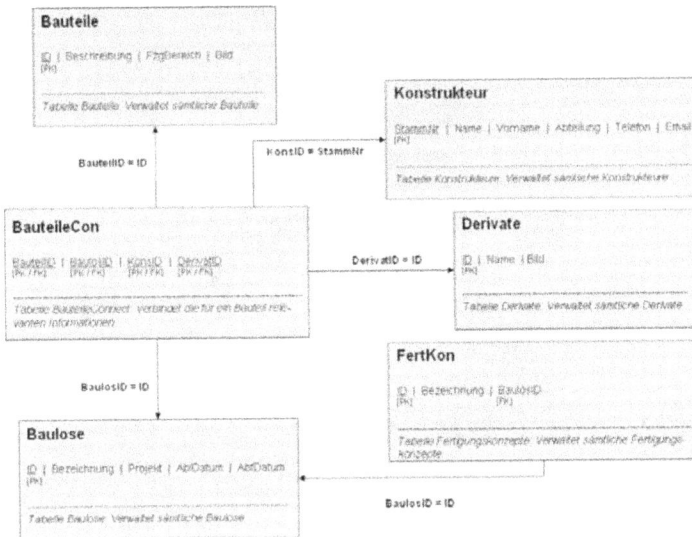

Abbildung 5.6: DB Modell PTL Pilot - Bauteile und Bauteilinformationen

SAP Java Connector

Der SAP Java Connector (SAP JCo) ist ein J2EE-Service, der für die Kommunikation zwischen einem J2EE Server und einem SAP Application Server eingesetzt wird. Dadurch ist es möglich, sowohl Funktionsbausteine[2] eines SAP R/3 Systems aus einer Java Applikation heraus aufzurufen, als auch innerhalb eines Funktionsbausteins Methoden einer Java Applikation zu verwenden.

Aus technischer Sicht werden die Aufrufe von Funktionsbausteinen bzw. Java-Methoden über mehrere Zwischenschichten von einem System in ein anderes transportiert. So wird beispielsweise ein in einer Java-Methode implementierter Aufruf eines Funktionsbausteins über das SAP JCo API und zwei *Middelware* Schichten an das *Java Native Interface (JNI)* weitergeleitet, wo er in einen *Function Call* übersetzt wird.

Die J2EE Umgebung des SAP Web Application Server wird standardmäßig mit einem vorinstallierten SAP JCo ausgeliefert. Für eine nachträgliche Installation können die entsprechenden Dateien aber auch von den Servern des *SAP Service Marketplace* heruntergeladen werden[3].

---

[2]Solche Funktionsbausteine müssen natürlich RFC-fähig sein

[3]Dazu wird allerdings ein gültiger Benutzer benötigt

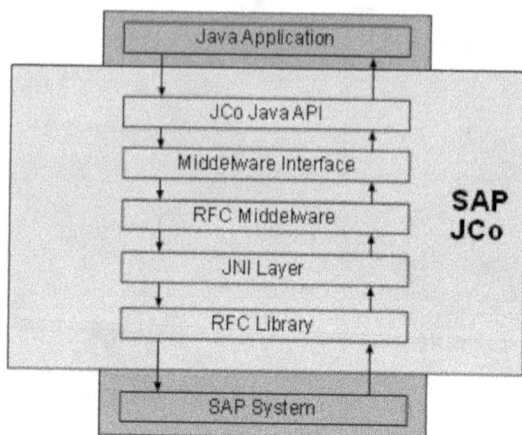

Abbildung 5.7: SAP JCo Architektur

Adaptive RFC

Der Begriff *Adaptive Remote Function Call (Adaptive RFC)* bezeichnet eine Technik, die es einer Web Dynpro-Applikation ermöglicht, Funktionsbausteine eines R/3 Systems als Model zu benutzen, auch wenn diese *nach* dem Importieren des Models in die Applikation geändert wurden. Zur Laufzeit der Applikation wird demnach nicht auf die zur Design-Zeit festgelegte Modelstruktur zurückgegriffen. Vielmehr wird zu Beginn einer neuen RFC-Verbindung zwischen Web Dynpro-Applikation und SAP R/3 System die Struktur der zum Model gehörenden Funktionsbausteine erneut analysiert und vorgenommene Veränderungen automatisch adaptiert.

Die Adaptivität eines solchen Models sollte nicht mit einer vermeintlichen Dynamik verwechselt werden. Adaption bedeutet hier die automatische Übernahme von Veränderungen an *bereits bestehenden* Strukturen. So kann beispielsweise die Länge des Feldes einer Datenbanktabelle geändert, oder ein im Dictionary abgelegter Datentyp modifiziert werden. Wird hingegen ein neuer Parameter in einem Funktionsbaustein angelegt, kann dieser erst nach einem erneuten Import des Models (zur Design-Zeit) verwendet werden.

Ein aus SAP R/3 Funktionsbausteinen bestehendes Model einer Web Dynpro-Applikation, verwendet immer die Adaptive RFC Technik. Dies wird unter anderem durch einen, weiter unten detaillierter beschriebenen, Wizard sichergestellt, der keine andere Möglichkeit für die Verwendung von Funktionsbausteinen als Model zulässt.

Service Data Objects

Service Data Objects (SDO) wurden entworfen, um Java-Applikationen einen einfachen und einheitlichen Zugriff auf Daten zu ermöglichen, ohne sich direkt mit den zugehörigen Datenhaltungssystemen (meistens Datenbanken) auseinandersetzen zu müssen. Mittels SDO können Applikationsentwickler auf Daten aus verschiedenen Quellen (Datenbanken, XML-Datenquellen, Web Services usw.) zugreifen und diese manipulieren. Die Service Data Objects bilden also eine Art abstrakte Mittelschicht zwischen Applikation und Datenquellen.

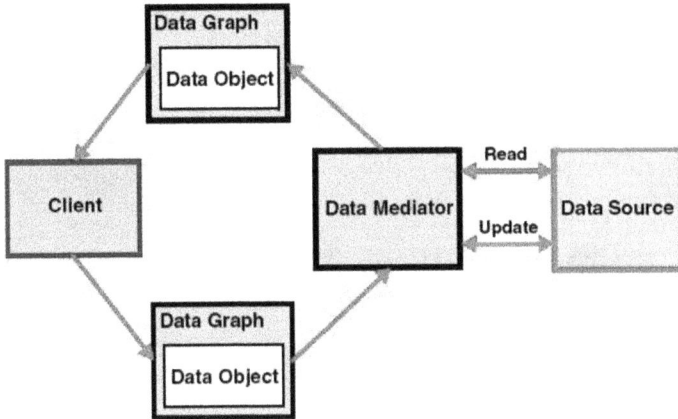

Abbildung 5.8: SDO Architektur nach [W+04]

Die SDO-Architektur besteht aus drei Hauptkomponenten (siehe auch Abbildung 5.8):

- Dem *Data Object*
  Data Objects sind der Kern der SDO-Architektur. Sie bieten dem Entwickler den eigentlichen Zugang zu den Daten und ermöglichen es, diese zu durchlaufen und zu verändern. Ein Data Object kann aus mehreren anderen Data Objects zusammengesetzt sein.

- Dem *Data Graph*
  Ein *Data Graph* ist eine baumartige Struktur die aus mehreren Data

Objects besteht und eine Datenquelle repräsentiert. Die Daten dieser Quelle werden in den Data Objects gehalten.

- Dem *Data Mediator*
  Der *Data Mediator* ist für die Kommunikation zwischen Applikation und Datenquelle(n) zuständig. Er stellt der Applikation einerseits die benötigten Daten in Form von Data Graphs zur Verfügung. Andererseits sorgt der Data Mediator dafür, dass die von der Applikation manipulierten Data Graphs umgewandelt und an die entsprechenden Datenquellen weitergeleitet werden.

5.3.2 Anbindung von SAP R/3 Funktionsbausteinen als Model

Web Dynpro Applikationen

In einer Web Dynpro Applikation werden Models üblicherweise mittels eines Wizards angelegt. Dieser stellt automatisch eine Verbindung zum angegebenen SAP R/3 System her und generiert eine Reihe von Modelklassen für die ausgewählten Funktionsbausteine.

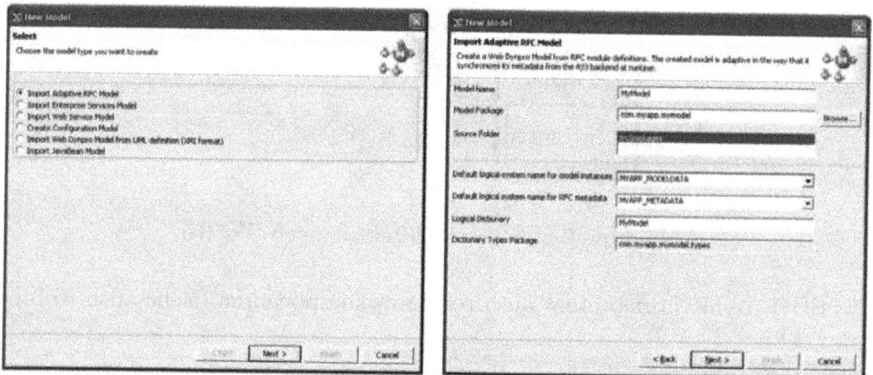

Abbildung 5.9: Model Import Wizard - Schritte 1 und 2

Im ersten Schritt des Wizards muss sich der Entwickler zunächst entscheiden, welche Art von Model er für die Web Dynpro Applikation anlegen möchte (siehe auch Abschnitt 2.2.3). Für die Verwendung von Funktionsbausteinen

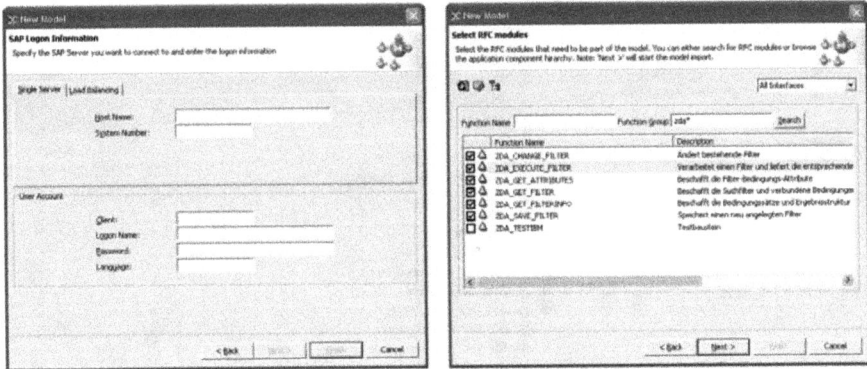

Abbildung 5.10: Model Import Wizard - Schritte 3 und 4

muss in diesem Schritt die Option *Import Adaptive RFC Model* gewählt werden. Der zweite Schritt verlangt die Angabe des Modelnamens, einer Position zum Speichern der Modelklassen, sowie die Festlegung der logischen Systemnamen für die Daten und die Metadaten des Models. Diese kapseln die zur Laufzeit der Applikation benötigten Verbindungsdaten zum SAP R/3 System und müssen auf dem Web Application Server eingerichtet werden. Eine eigene Metadaten-Verbindung wird benötigt, um die Struktur des Models zu Beginn einer neuen RFC-Verbindung zu aktualisieren (siehe auch Abschnitt 5.3.1).

Schließlich gibt der Entwickler im dritten Schritt des Wizards die Verbindungs- und Benutzerdaten des R/3 Systems an, in dem sich die zu importierenden Funktionsbausteine befinden. Der Wizard baut dann eine Verbindung zu diesem System auf, authentifiziert sich dort mit den angegebenen Benutzerdaten und gibt dem Entwickler in einem weiteren Schritt die Möglichkeit die zu verwendenen Funktionsbausteine zu suchen und für den Import auszuwählen.

Mit Abschluss des vierten Schrittes beginnt der Import und der Wizard generiert die benötigten Modelklassen, die anschließend im Web Dynpro Explorer angezeigt werden (siehe Abbildung 5.11).

Die Modelklassen lassen sich in drei Kategorien unterteilen:

- *Input*-Klassen. Diese Modelklassen rufen die entsprechenden Funktionsbausteine auf und versorgen ihre Import Parameter mit Daten

- *Output*-Klassen. Sie enthalten die Daten der Export Parameter der entsprechenden Funktionsbausteine nach dem Aufruf

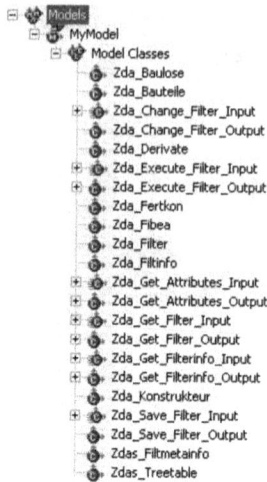

Abbildung 5.11: Modelklassen von *MyModel*

- Alle weiteren Modelklassen repräsentieren Datenbanktabellen oder Datenstrukturen aus dem ABAP Dictionary des SAP R/3 Systems

Die Modelklassen hängen untereinander zusammen. Dabei sind die *Input*-Klassen allen anderen Klassen übergeordnet. Sie enthalten immer die zugehörigen *Output*-Klassen und eine `execute()`-Methode die das Model ausführt.

Portlet Applikationen

Auch in einer JSF-Portlet-Applikation lässt sich der Zugriff auf Daten aus einem SAP R/3 System komfortabel über einen Wizard herstellen. Wie [SS05] erläutert, ist dabei schon beim Anlegen eines Portlet-Projekts mit dem Rational Application Developer festzulegen, ob ein solcher Zugriff ermöglicht werden soll (siehe auch Abbildung 5.12).

Im *Palette View* (siehe auch Abbildung 2.10) werden dem Entwickler dann zwei *SAP-Datenelemente* zur Verfügung gestellt, mit denen sich BAPIs bzw. Funktionsbausteine in die Portlet-Applikation integrieren lassen. Die Elemente können jeweils per „Drag & Drop" entweder direkt auf der Oberfläche, oder in der Seitendatenübersicht, einer zur Applikation gehörenden JavaServer Page

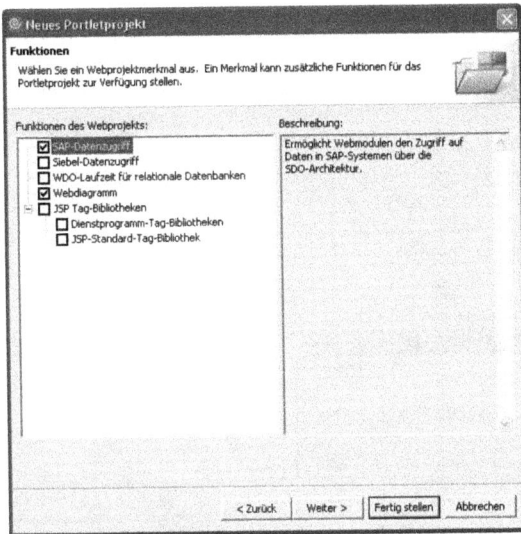

Abbildung 5.12: SAP Datenzugriff aktivieren

eingefügt werden. Dabei wird beim „fallenlassen" des Datenelements automatisch ein Wizard zum Anlegen eines Service Data Objects geöffnet (Abbildung 5.13).

Der Wizard verlangt im ersten Schritt die Angabe einer Bezeichnung für den als Model einzubindenden Funktionsbaustein. Im zweiten Schritt wird der Entwickler aufgefordert, zunächst eine Verbindung zu einem SAP R/3 System anzugeben, bzw. eine neue Verbindung zu erstellen (auch dazu gibt [SS05] weitere Hinweise). Diese wird dann vom Wizard genutzt, um das entsprechende System anzusteuern und dort nach der Funktionsgruppe oder dem Funktionsbaustein zu suchen, die der Entwickler angegeben hat (in Abbildung 5.13 handelt es sich dabei um alle Funktionsbausteine, die mit der Zeichenfolge „ZDA_" beginnen).

Aus den vorhandenen Funktionsbausteinen, die dem Entwickler nach Abschluss der Suche angezeigt werden, wird ein Baustein als Hauptfunktion festgelegt (erfolgt durch Auswahl eines Funktionsbausteins und anschließendes Klicken des „Zahnrad" Buttons neben der Anzeige der Suchergebnisse). Der Dialog von Schritt 2 ermöglicht darüber hinaus die Angabe einer Vor- und einer Nachfunktion. So können Funktionsbausteine bestimmt werden, die vor

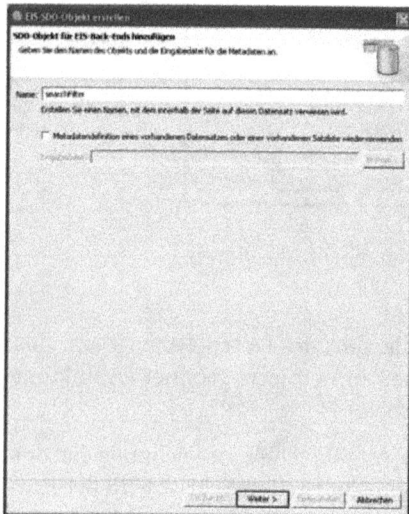

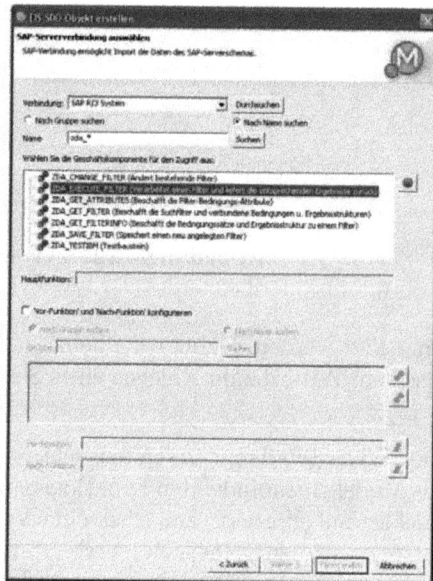

Abbildung 5.13: SDO Wizard - Schritte 1 und 2

bzw. nach der Hauptfunktion ausgeführt werden[4].

Im letzten Schritt des Wizards konfiguriert der Entwickler die Schnittstelle des Hauptfunktionsbausteins, indem er die zu versorgenden Import- und abzufragenden Exportparameter desselben festlegt.

Durch Anklicken des „Beenden" Buttons wird der Wizard abgeschlossen und das neu erstellte SDO anschließend in der Seitendatenübersicht der JavaServer Page angezeigt. Die Import- und Exportparameter des Funktionsbausteins werden im SDO in zwei verschiedenen Knoten gruppiert. Abbildung 5.14 zeigt dies beispielhaft für das SDO costCenterList. Die Exportparameter lassen sich direkt mit bestimmten Interaktionselementen der JavaServer Page verknüpfen. Beispielsweise kann der Tabellenparameter COSTCENTER_LIST einfach selektiert und in den Oberflächenbereich der JavaServer Page „gezogen" werden, um ein Tabellenelement zu generieren, das die Inhalte des Parameters anzeigt.

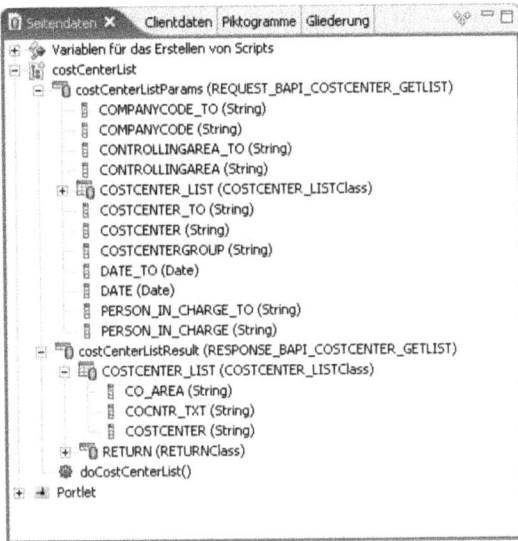

Abbildung 5.14: Seitendaten einer JavaServer Page

---

[4]Diese Option wird hier nicht näher betrachtet

6 Authentifizierung und Autorisierung

In diesem Kapitel wird die Benutzerauthentifizierung und -autorisierung in Webapplikationen näher betrachtet. Abschnitt 6.1 beschäftigt sich zunächst mit dem *Java Authentication and Authorization Service*, bevor in den Abschnitten 6.2 und 6.3 die in Web Dynpro- und Portlet-Applikationen verwendeten Authentifizierungs- und Autorisierungsverfahren vorgestellt werden.

Die in diesem Kapitel wiedergegebenen Informationen stammen vor allem aus [MSH02], [Sun01], [Sun06b], sowie aus [K⁺05], [Kov05] und [SSBS03].

6.1 Der Java Authentication and Authorization Service

6.1.1 Übersicht

Der *Java Authentication and Authorization Service (JAAS)* läuft als Service auf einem J2EE-Server und verfügt über eine Reihe von Java-Klassen, die dazu eingesetzt werden können, Benutzer einer Java Applikation sowohl zu authentifizieren, als auch zu autorisieren. Dabei wird mit dem Begriff *Authentifizierung* die Prüfung der Identität eines Benutzers bezeichnet. Diese erfolgt sehr oft durch die Anmeldung an der Applikation mittels Benutzername und Passwort. Wird ein Benutzer hingegen mit gewissen Rechten ausgestattet, um bestimmte Aktionen in einer Applikation durchführen zu dürfen (z.B. das Auslesen einer bestimmten Datei), spricht man von *Autorisierung*.

Mittels der im JAAS-API zur Verfügung stehenden Klassen ist es möglich, solche Rechte zu definieren und diese einem Benutzer zuzuweisen. Die Architektur des JAAS wurde dabei so entworfen, dass Authentifizierungs- und Autorisierungsmechanismen nicht „fest" in eine Applikation eingebaut sind.

Vielmehr werden externe Authentifizierungsmodule quasi „vor" die Applikation gesetzt. Über eine einheitliche Schnittstelle ist es der Applikation dann möglich, mit solchen Modulen zu kommunizieren. Das bietet den Vorteil, Authentifizierungsmodule einfach austauschen zu können, ohne dass dabei die Applikation selbst geändert werden muss.

6.1.2 Authentifizierung von Benutzern

Um eine Kommunikation zwischen dem JAAS und einem mit dem JAAS geschützten Programm zu gewährleisten, wird eine Schnittstelle benötigt. Diese wird durch die Klasse `LoginContext` zur Verfügung gestellt. Der Konstruktor von `LoginContext` kann mit höchstens drei Parametern aufgerufen werden: Dem Namen des zu verwendenden Authentifizierungsmoduls (Login Moduls), dem Benutzer (Subject) für den ein Objekt von `LoginContext` erzeugt werden soll, sowie einem Objekt der Klasse `CallbackHandler`, welches benötigt wird um Benutzerinteraktionen (z.B. die Abfrage eines Passwortes) durchzuführen.

Authentifizierungsmodule werden in einer Konfigurationsdatei angelegt. Eine einfache Modulkonfiguration könnte beispielsweise so aussehen:

```
WindowsLogin {
    // Standard Login Module for Windows
    com.sun.security.auth.module.NTLoginModule required debug=false;
};
```

Die hier definierte Konfiguration hat den Namen *WindowsLogin* und verwendet das in der *Java 2 Standard Edition (J2SE)* enthaltene Standard-Authentifizierungsmodul *NTLoginModule*, welches mit den Parametern *required* und *debug* aufgerufen wird.

Das *NTLoginModule* erzeugt einen so genannten *Principal* (Benutzerkennung) für den aktuellen Windows-Benutzer, ohne dass eine Interaktion erfolgt. Es wird folglich auch kein Objekt der Klasse `CallbackHandler` benötigt. Die erzeugte Benutzerkennung wird zur Anmeldung automatisch an die Applikation übergeben.

Damit eine Modul-Konfigurationsdatei gültig ist, muss sie im Paket `java.security.auth.login.config` registriert werden. Dies kann durch folgende Codezeile in der zu schützenden Applikation erfolgen:

```
System.setProperty("java.security.auth.login.config", "jaasconfig.cfg");
```

Das folgende Beispiel zeigt die Erstellung eines LoginContext-Objekts für die oben definierte Konfiguration *WindowsLogin*. Der Konstruktor benötigt in diesem Beispiel lediglich den Namen der Konfiguration. Benutzer und Callback Handler entfallen:

```
// Login-Kontext für die Konfiguration "WindowsLogin" erzeugen
try {
    LoginContext loginContext = new LoginContext("WindowsLogin");
}
catch (LoginException e) {
    System.err.println("LoginContext wurde nicht erzeugt" +e.getMessage
    System.exit(1);
}
```

Um den eigentlichen Login Vorgang durchzuführen, wird die Methode *login()* des erzeugten LoginContext-Objekts aufgerufen. Ein Benutzer wird an der Applikation angemeldet, wenn die *login()*-Methode keine Ausnahme (Exception) auslöst.

```
// Durchführung des Logins
try {
    loginContext.login();
}
catch (LoginException e) {
    System.out.println("Authentifizierung fehlgeschlagen");
    System.exit(1);
}
System.out.println("Authentifizierung erfolgreich");
```

Die Authentifizierung eines Benutzers muss nicht unbedingt nur in einem Modul erfolgen. Der JAAS bietet auch die Möglichkeit, mehrere Login Module nacheinander auszuführen. Eine Konfiguration kann also, wie das folgende Beispiel zeigt, auch zwei (oder mehrere) Module enthalten.

```
MyLogin {
    authentication.test.MyLoginModuleOne required debug=false;
    authentication.test.MyLoginModuleTwo optional debug=false;
};
```

Wie in dem Beispiel zu sehen, werden hier die zwei selbst erstellten Module (auf die Erstellung eigener Login-Module wird hier nicht näher eingegangen), *MyLoginModuleOne* und *MyLoginModuleTwo* zur Authentifizierung verwendet. Das erste Modul ist dabei als *required* gekennzeichnet, das zweite Modul lediglich als *optional*. Weitere mögliche Kennzeichen sind *requisite* oder *sufficient*.

Ist ein Login-Modul als *required* gekennzeichnet, bedeutet dies, dass für die erfolgreiche *Gesamtanmeldung* an der Applikation dieses Modul unbedingt eine erfolgreiche *Einzelanmeldung* durchgeführt haben muss, die *login()*-Methode dieses Moduls also keine Ausnahme auslösen darf. Gleiches gilt auch für die Option *requisite*. Unterschiedlich ist jedoch die Ausführung nachfolgender Module. Diese werden bei Verwendung von *required* immer ausgeführt, unabhängig davon, ob die Einzelanmeldung des Moduls erfolgreich war oder nicht. Wird hingegen *requisite* verwendet, werden nachfolgende Module nur bei erfolgreicher Einzelanmeldung ausgeführt.

Wird ein Modul als *optional* oder *sufficient* deklariert, ist eine erfolgreiche Einzelanmeldung dieses Moduls für eine erfolgreiche Gesamtanmeldung nicht zwingend erforderlich. Würde also im obigen Beispiel die Einzelanmeldung von *MyLoginModuleOne* erfolgreich verlaufen, während die Einzelanmeldung von *MyLoginModuleTwo* scheitern würde, wäre die Gesamtanmeldung trotzdem erfolgreich.

Nachfolgende Module werden immer ausgeführt, wenn sie als *optional* gekennzeichnet sind. Als *sufficient* deklarierte Module werden hingegen nur bei nicht erfolgreicher Einzelanmeldung ausgeführt.

6.1.3 Autorisierung von Benutzern

Hat sich ein Benutzer erfolgreich an einer Applikation angemeldet, so wurde ihm mindestens ein *Principal* (Benutzerkennung) zugeordnet. An einen *Principal* können (seit J2SE 1.4) wohldefinierte Berechtigungen vergeben werden, die diesem und damit dem Benutzer die Erlaubnis erteilen, bestimmte Aktionen auszuführen.

Der Benutzer bzw. das ihn repräsentierende *Subject-Objekt* kann mittels seiner Methode doAsPrivileged() die Ausführung einer bestimmten Aktion anfragen. Beim Aufruf von doAsPrivileged() werden dazu unter anderem das *Subject-Objekt* des Benutzers, sowie die auszuführende Aktion als Objekt der Klasse PrivilegedAction übergeben.

Um zu prüfen, ob der Benutzer tatsächlich berechtigt ist die Aktion auszuführen, gleicht der *Security Manager* die Anfrage des Benutzers mit einer so genannten *Policy-Datei* ab, in der dem Benutzer bzw. einem der ihm zugeordneten *Principals* die Berechtigung für die angefragte Aktion zugeordnet sein muss.

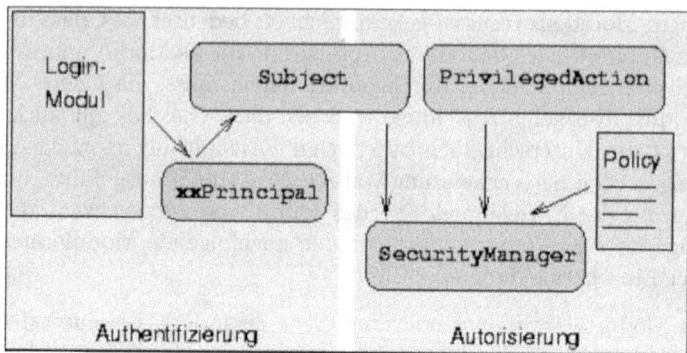

Abbildung 6.1: Authentifizierung und Autorisierung mit dem JAAS nach [MSH02]

Das folgende Beispiel zeigt zunächst die Definition der Aktion *FileAccessAction*, die versucht eine Datei zu öffnen:

```
class FileAccessAction implements PrivilegedExceptionAction {
    public Object run() throws IOException {
        new java.io.FileOutputStream("test.txt").close();
        return null;
    }
}
```

Diese Aktion kann nun von einem berechtigten Benutzer wie folgt ausgeführt werden:

```
// Subject-Objekt des Benutzers ermitteln
Subject subject = loginContext.getSubject();

// Aktion anlegen
PrivilegedExceptionAction action = new FileAccessAction();

// Versuchen Aktion für Benutzer auszuführen
try {
    subject.doAsPrivileged(subject, action, null);
}
catch(PrivilegedActionException e) {
    System.err.println("Es ist ein Fehler aufgetreten: "+e.getException(
}
```

Damit im obigen Beispiel keine Ausnahme ausgelöst wird, müssen dem *Principal* des Benutzers noch die entsprechenden Rechte für die Aktion *FileAc-*

cessAction erteilt werden. Dazu werden folgende Einträge in der *Policy-Datei* vorgenommen:

```
// Setzen der Property
permission java.util.PropertyPermission "java.security.auth.login.config",
                                          "read,write";

// Erzeugen des Login-Kontexts
permission javax.security.auth.AuthPermission "createLoginContext.UserFileD

// Login-Modul: Hinzufügen und Entfernen von Principals erlauben
permission javax.security.auth.AuthPermission "modifyPrincipals";

// Ausführen einer privilegierten Aktion erlauben
permission javax.security.auth.AuthPermission "doAsPrivileged";

// Vergabe von Schreibrechten an den Benutzer 'testuser'
grant Principal de.dpunkt.security.jaas.UserFilePrincipal "testuser" {
    permission java.io.FilePermission "*", "write";
};
```

Dem Benutzer *testuser* ist es damit gestattet, in beliebigen Dateien zu schreiben.

6.2 Authentifizierung

6.2.1 Authentifizierungsverfahren

Für Webapplikationen werden, wie in [CY03] beschrieben, vier allgemein gültige Authentifizierungsverfahren unterschieden. Im Einzelnen handelt es sich dabei um:

- Die *HTTP Basic Authentication*
  Ein Benutzer authentisiert sich bei diesem Verfahren (gegenüber dem Webserver) durch Eingabe von Benutzername und Passwort in eine vom Webbrowser zur Verfügung gestellte, sehr einfach gehaltene Eingabemaske. Die Daten werden mit einer simplen *base64-Kodierung* verschlüsselt und zum Webserver übertragen, wo der Benutzer authentifiziert wird. Aufgrund der einfachen Verschlüsselung gilt dieses Verfahren bei alleiniger Verwendung als sehr unsicher. Allerdings lässt es sich durch den zusätzlichen Einsatz von sicheren Übertragungsverfahren, wie beispielsweise *HTTPS*, „aufwerten".

- Die *HTTP Digest Authentication*
  Diese Methode ist fast identisch mit der *HTTP Basic Authentication*. Der einzige wesentliche Unterschied liegt in der komplexeren Verschlüsselung des Datentransfers.

- Die *Form-Based Authentication*
  Bei Verwendung der *Form-Based Authentication* wird die Authentifizierung zwar ebenfalls anhand eines Benutzernamens und des dazu gehörenden Passworts durchgeführt, allerdings wird die Eingabe dieser Daten auf einem Webformular vorgenommen. Dieses kann beispielsweise von einem Webseitendesigner so entworfen werden, dass es dem „Look & Feel" der Webapplikation entspricht und kann darüber hinaus zusätzliche Funktionalität bieten, wie zum Beispiel einen „Passwort vergessen"-Verweis. Ebenso wie bei der *HTTP Basic Authentication* wird der Datentransfer an den Webserver standardmäßig nur mit einer *base64-Kodierung* verschlüsselt. Es empfiehlt sich daher, auch bei dieser Methode zusätzlich sichere Übertragungsverfahren zu verwenden.

- Die *HTTPS Client Authentication*
  Dieses Verfahren verwendet *digitale Zertifikate* zur Benutzerauthentifizierung. Es gilt als besonders sicher und wird oft in *Single-Sign-On-Szenarien* (beispielsweise in einem Unternehmensportal) eingesetzt.

Diese vier Authentifizierungsverfahren werden sowohl von SAP Web Dynpro-als auch von IBM Portlet-Applikationen unterstützt.

6.2.2 Authentifizierung in SAP Web Dynpro-Applikationen

Der SAP Web Application Server stellt für die Authentifizierung von Benutzern eine Reihe vorgefertigter Mechanismen zur Verfügung, die in verschiedenen Authentifizierungsmodulen (Login-Modulen) implementiert sind.

Basis-Authentifizierung

Die einfachste Art der Authentifizierung ist die Basis-Authentifizierung. Sie wird für Applikationen verwendet, die das *Basic Authentication* oder das *Form-Based Authentication* Verfahren zur Authentifizierung benutzen. Implementiert ist dieser Mechanismus im Login-Modul `BasicPasswordLoginModule`.

Ist auf dem SAP Web Application Server auch ein ABAP-Laufzeitumgebung installiert, kann für dieses Login Modul die Option *LogonWithAlias* aktiviert werden. Die Kennung eines Benutzers wird dann als Alias für eine in der ABAP-Umgebung liegende Benutzerkennung angesehen. Für die Benutzer einer Web Dynpro-Applikation die in der Java-Umgebung läuft, können folglich Benutzerkennungen in der ABAP-Umgebung angelegt und mit Aliasen versehen werden, die dann ohne Weiteres für die Authentifizierung in der Web Dynpro-Applikation verwendet werden können. Die *LogonWithAlias*-Option ist vor allem dann vorteilhaft, wenn bereits eine SAP R/3-Applikation existiert, die in der Web Dynpro-Applikation als Backend verwendet werden soll. Für die Benutzer der R/3-Applikation müssen keine neuen Kennungen im Java-Umfeld des Web Application Servers angelegt werden, um die Web Dynpro-Applikation benutzen zu können.

Authentifizierung durch Client-Zertifikate

Bei diesem Authentifizierungsmechanismus benötigt ein Benutzer ein gültiges und vertrauenswürdiges digitales Zertifikat, welches auf dem Web Application Server hinterlegt und an die Kennung des Benutzers gebunden werden muss. Der Benutzer ist dann für jede Applikation die auf dem Web Application Server läuft automatisch authentifiziert. Interessant ist dieses Verfahren vor allem für Single-Sign-On Szenarien.

Single-Sign-On via Logon-Tickets

Der SAP Web Application Server unterstützt die Verwendung von so genannten Logon-Tickets zur Benutzerauthentifizierung. Hat sich ein Benutzer erstmalig an einer auf dem Server laufenden Applikation erfolgreich angemeldet (beispielsweise mit Benutzerkennung und Passwort), stellt ihm diese Applikation ein Logon-Ticket aus, welches die Authentizität des Benutzers bescheinigt.

Mit seinem Logon Ticket kann sich der Benutzer nun sowohl an Applikationen auf demselben Server, als auch an Applikationen auf anderen Web Application Servern anmelden, ohne dass eine weitere Interaktion nötig ist. Voraussetzung dafür, ist allerdings, dass diese Server für die Verwendung von Logon-Tickets konfiguriert sind. So muss der Anmeldeserver nach erfolgreicher Authentifizierung des Benutzers unter anderem das Modul `CreateTicketLoginModule` zur Erstellung des Tickets ausführen. Alle anderen Web Application Server bei denen sich der Benutzer mit diesem Ticket anmeldet benötigen das `EvaluateTicketLoginModule` zur Prüfung des Logon-Tickets.

Weitere wichtige Voraussetzungen für die Verwendung von Logon-Tickets sind:

- Der Benutzer muss über eine einheitliche Benutzerkennung in allen Systemen die er verwenden möchte verfügen. Ein einheitliches Passwort ist nicht notwendig.

- Der vom Benutzer verwendete Webbrowser muss Cookies akzeptieren, da das Logon-Ticket in Form eines solchen im Webbrowser gespeichert wird.

- Sämtliche Server, auf denen sich der Benutzer mit seinem Logon-Ticket authentifizieren möchte, müssen in derselben Domäne registriert sein, wie der Server, welcher das Logon-Ticket ausgestellt hat.

- Die Uhrzeiten sämtlicher, das Logon Ticket verwendenden Server, müssen mit dem Ticket-Ausstellungsserver synchronisiert sein, da die Gültigkeit des Tickets unter anderem von der Ausstellungszeit abhängt.

- Der Server, welcher das Logon-Ticket ausstellt, muss über eine Kombination aus einem öffentlichem und einem privatem Schlüssel, sowie über ein digitales Zertifikat für den öffentlichen Schlüssel verfügen, um die ausgestellten Logon-Tickets digital signieren zu können.

- Sämtliche Systeme die Logon-Tickets akzeptieren sollen, müssen Zugriff auf das digitale Zertifikat des Ausstellungsservers haben, um ein empfangenes Logon-Ticket anhand seines Zertifikats auf Echtheit prüfen zu können.

Ein Logon-Ticket kann also als eine Art digitales Zertifikat betrachtet werden. Allerdings werden Logon-Tickets wie bereits erwähnt, nicht direkt in den Webbrowser importiert, sondern in Cookies gespeichert. Diese werden gelöscht, sobald sich der Benutzer von der Applikation abmeldet, oder den Webbrowser schließt.

Einstellung der Authentifizierungsmechanismen

Verantwortlich für die Ausführung bestimmter Login-Module zur Benutzerauthentifizierung in Web Dynpro-Applikationen, ist der *Security Provider*-Service des SAP Web Application Servers. Dieser lässt sich, wie auch eine

Reihe weiterer Services, mit dem Werkzeug *Visual Administrator* konfigurieren. Dabei können die vom Web Application Server zur Verfügung gestellten Login-Module für die Einstellung eines Authentifizierungsmechanismus verwendet werden.

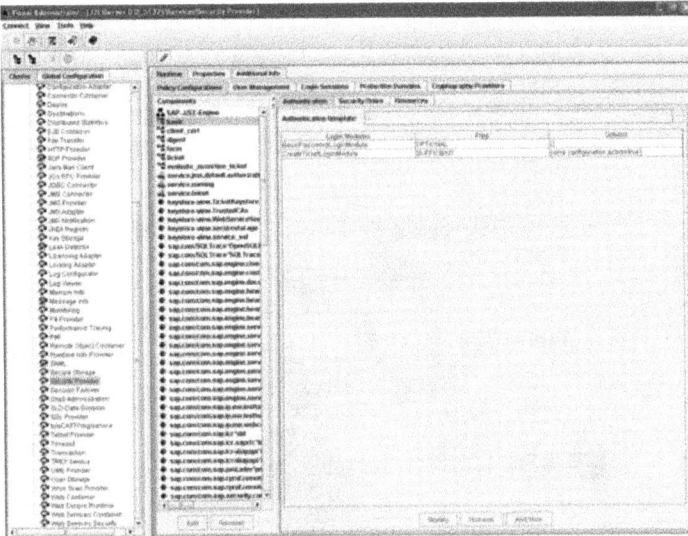

Abbildung 6.2: Visual Administrator - Security Provider Einstellungen

Abbildung 6.2 zeigt die von allen Web Dynpro-Applikationen standardmäßig verwendete *basic*-Authentifizierungskomponente in den *Policy Configurations* des *Security Providers*. Das Login Modul `BasicPasswordLoginModule` wird hier während des Authentifizierungsprozesses zuerst ausgeführt. Daraufhin wird gemäß den Erläuterungen in Abschnitt 6.1.2 das nachfolgende `CreateTicketLoginModule` ausgeführt, egal ob der Benutzer erfolgreich durch das `BasicPasswordLoginModule` authentifiziert wurde, oder nicht.

Verwendung der Form-Based Authentication in Web Dynpro Applikationen

Ein sehr komfortables Authentifizierungsverfahren für die Anmeldung eines Benutzers an einer Web Dynpro-Applikation ist die weiter oben bereits thematisierte *Form-Based Authentication*.

Bei der Verwendung dieses Verfahrens, muss der Entwickler einer Webapplikation üblicherweise eine eigene Webseite erstellen, die als erste Seite beim
Starten der Applikation aufgerufen wird und dem Benutzer die Eingabe seiner Benutzerkennung und des dazugehörigen Passwortes ermöglicht.

Dieser Aufwand kann auch für eine Web Dynpro Applikation betrieben werden, einfacher ist es jedoch eine vorgefertigte, vom Web Application Server zur
Verfügung gestellte, Anmeldeseite zu benutzen. Diese lässt sich durch das Setzen des Wertes `true` für die Eigenschaft `sap.authentication` „einschalten"
und wird automatisch beim Starten der Applikation als erste Seite aufgerufen.

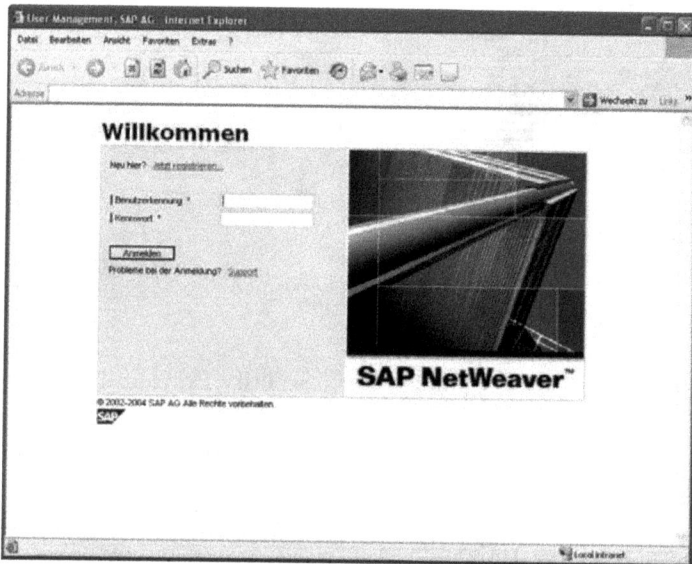

Abbildung 6.3: SAP Web Application Server - Standard Login-Seite

Die Login-Seite (Abbildung 6.3) kann im *UME Provider*-Service des Web Ap-
plication Servers konfiguriert werden[1]. So kann beispielsweise das Bild auf der
Seite ausgetauscht, der „Registrieren"-Hyperlink entfernt, oder eine Email-
Adresse für den „Support"-Hyperlink angegeben werden.

Auch die Verarbeitung der vom Benutzer eingegebenen Anmeldedaten erfolgt
bei Verwendung der Standard Login-Seite automatisch und muss somit nicht

---

[1]auch hier wird üblicherweise der *Visual Administrator* als Konfigurationswerkzeug verwendet

zusätzlich implementiert werden.

6.2.3 Authentifizierung in IBM Portlet Applikationen

Für die Authentifizierung von Benutzern einer Portlet-Applikation ist in den meisten Fällen das Portal (bzw. der Portal-Server) zuständig, in dem diese eingebettet ist. Da ein Portal im Wesentlichen eingesetzt wird, um die Integration vieler Applikationen in eine einheitliche Umgebung zu realisieren, ist es sinnvoll die Anmeldung eines Benutzers einmalig am „Portaleingang" durchzuführen und ihn damit automatisch auch für alle Applikationen die er benutzen darf zu authentifizieren (Single-Sign-On-Verfahren).

Authentifizierungsmechanismen

Nach [SSBS03] kann das IBM WebSphere Portal zur Authentifizierung entweder die vom IBM WebSphere Application Server angebotenen Sicherheitsmechanismen verwenden, oder die Authentifizierung einer externen Authentifizierungskomponente übertragen. Dabei fängt eine solche Komponente den Portalaufruf des Benutzers ab und führt diesen erst nach erfolgreicher Authentifizierung aus[2].

Nutzt das WebSphere Portal zur Authentifizierung die Sicherheitsmechanismen des WebSphere Application Servers, wird es aus der Sicht des Application Servers wie eine normale Webapplikation behandelt. Dementsprechend stehen zur Authentifizierung die bereits in Abschnitt 6.2.1 behandelten Verfahren *HTTP Basic Authentication*, *HTTP Digest Authentication*, *HTTPS Client Authentication* und *Form-Based Authentication* für eine Authentifizierung zur Verfügung.

Für die Anmeldung an einem Portal wird üblicherweise das *Form-Based Authentication* Verfahren verwendet. Das WebSphere Portal bietet dazu, ebenso wie der SAP Web Application Server, eine vorgefertigte Login-Seite an, die automatisch beim Aufruf der Portal-URL aktiviert wird (Abbildung 6.4). Auch diese Seite kann aber durch eine selbst erstellte Webseite ersetzt werden.

---

[2][SSBS03] geht auf den Seiten 10-12 näher auf dieses Thema ein

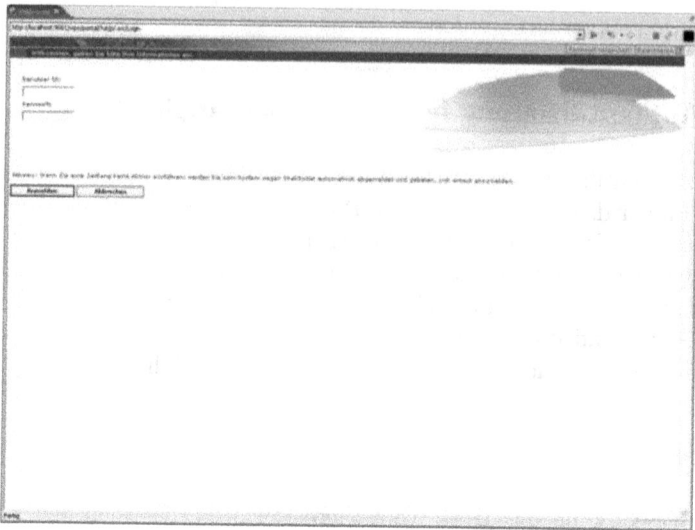

Abbildung 6.4: IBM WebSphere Portal - Standard Login-Seite

Authentifizierungseinstellungen

Die wichtigsten Einstellungen bezüglich der Benutzerauthentifizierung lassen sich im Webimplemtierungsdeskriptor des Portal-Projekts vornehmen, mit dem das WebSphere Portal konfiguriert wird (siehe auch Abschnitt 3.3.2). Hier können die Standardvorgaben für Anmelde- und Fehlerseite ersetzt und eine Authentifizierungsmethode angegeben werden (Abbildung 6.5).

Einsatz von JAAS Login-Modulen

Der Authentifizierungsprozess im WebSphere Portal basiert teilweise auf dem in Abschnitt 6.1 beschriebenen *Java Authentication and Authorization Service (JAAS)*.

Im wesentlichen verfügt der WebSphere Application Server zwar über eigene Authentifizierungskomponenten, es werden aber während des Authentifizierungsprozesses auch Login-Module ausgeführt. Diese dienen allerdings hauptsächlich dazu, ein *Subject-Objekt* für den authentifizierten Benutzer zu erstellen, um darin Berechtigungsnachweise (*Principals*) für bestimmte Portlets

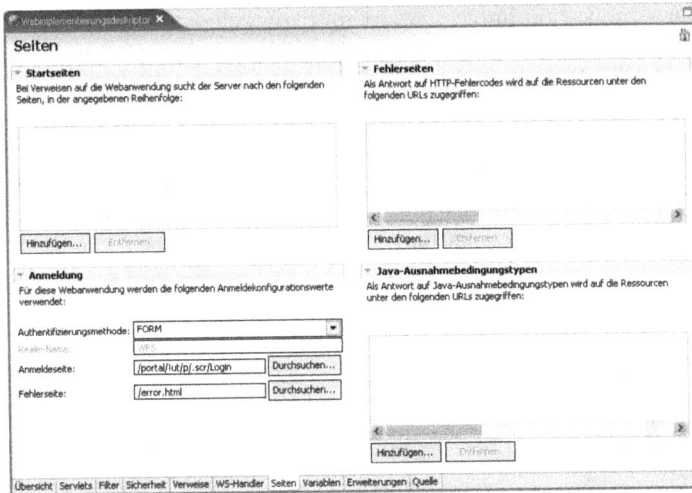

Abbildung 6.5: Authentifizierungseinstellungen in einem Portal-Projekt

(bzw. die durch diese Portlets repräsentierten Applikationen) abzulegen und damit Single-Sign-On-Szenarien zu ermöglichen.

6.3 Autorisierung

6.3.1 Autorisierung in SAP Web Dynpro-Applikationen

Die Benutzerverwaltung für Web Dynpro-Applikationen wird üblicherweise von der *User Management Engine (UME)* der J2EE-Umgebung des SAP Web Application Servers übernommen[3]. Neben der reinen Verwaltung von Benutzern wird die UME aber auch dazu eingesetzt, Benutzer für bestimmte Applikationen oder einzelne Funktionen zu autorisieren.

Nach [SAP06e] werden für die Autorisierung von Benutzern so genannte *Permissions* (Berechtigungen), *Actions* (Aktionen) und *Roles* (Rollen) verwendet. Dabei sind *Permissions* die kleinste Autorisationseinheit. Sie werden direkt im

---

[3]Es ist auch möglich ein SAP R/3 System (Abschnitt 6.2.2) oder einen LDAP-Server zur Benutzerverwaltung einzusetzen

Coding der Applikation implementiert und kontrollieren den Zugriff eines Benutzers auf bestimmte Funktionen einer Applikation (Beispielsweise das Hochladen von Dateien). *Actions* fassen mehrere *Permissions* zu einer Gruppe zusammen und sind in der Regel in einer eigenen XML-Datei definiert. Mehrere *Actions* können wiederum zu *Roles* zusammengefasst werden, die dann direkt einem oder mehreren Benutzern zugeordnet werden und diesen damit für bestimmte Funktionen autorisieren. Abbildung 6.6 zeigt die Zusammenhänge zwischen *Permissions*, *Actions* und *Roles*.

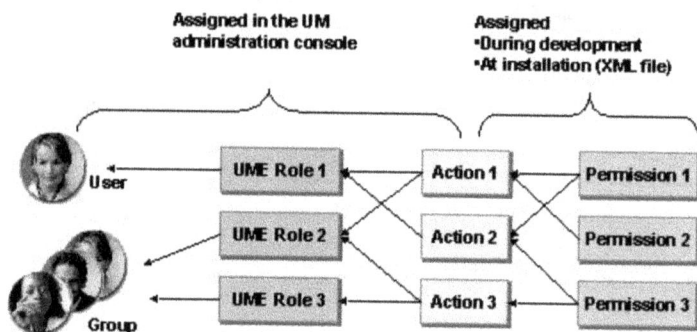

Abbildung 6.6: *Permissions*, *Actions* und *Roles* nach [SAP06e]

Sowohl *Permissions*, als auch *Actions* für die Autorisierung zu verwenden bietet eine Reihe von Vorteilen:

- Die Entwickler von Web Dynpro-Applikationen können mittels *Permissions* die Autorisation sehr fein gliedern, die dadurch entstehende Komplexität aber durch die Verwendung weniger *Actions* „verstecken".

- Da *Actions*, wie erwähnt, außerhalb des Applikations-Codings in XML-Dateien gespeichert werden, können diese an veränderte Anforderungen sehr einfach angepasst werden.

- Administratoren ordnen den *Roles* lediglich *Actions* zu. Mit *Permissions* müssen sie sich nicht auseinandersetzen.

Die Zuordnung von *Actions* zu *Roles* wird mit der Administrationskonsole der UME vorgenommen. Hier lassen sich auch Benutzer anlegen, sperren oder Benutzerdaten ändern (Abbildung 6.7)

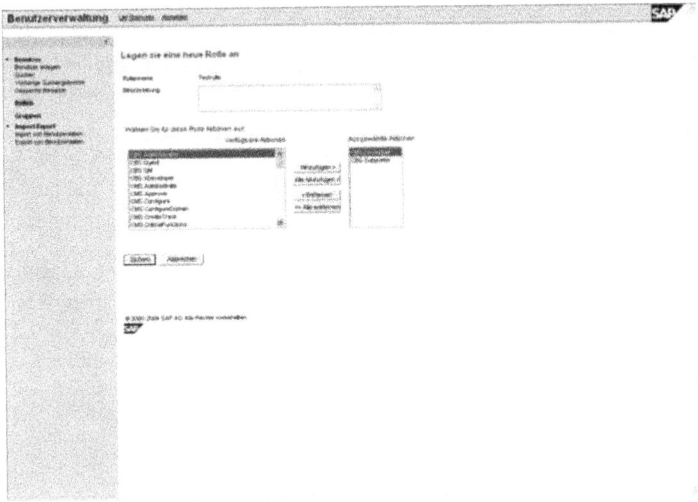

Abbildung 6.7: Administrationskonsole der *User Management Engine*

6.3.2 Autorisierung in IBM Portlet Applikationen

Auch das IBM WebSphere Portal verwendet *Roles* (Rollen) und *Permissions* (Berechtigungen) zur Autorisierung von Benutzern. Der Zwischenschritt über *Actions* ist hier allerdings nicht vorhanden, so dass die Berechtigungen direkt an die Rollen geknüpft werden.

Jede Rolle wird von einem bestimmten Rollentyp abgeleitet, der die Art der Interaktion des Benutzers mit dem Portal wiederspiegelt. Im Einzelnen handelt es sich dabei um:

- *Users*, die lediglich berechtigt sind, Portalinhalte einzusehen.

- *Privileged Users*, die berechtigt sind, Portalinhalte einzusehen, Portlets und Portalseiten zu personalisiern und neue Portalseiten anzulegen.

- *Editors*, die neue, von mehreren Benutzern verwendete Ressourcen anlegen, sowie existierende Ressourcen konfigurieren können.

- *Managers*, welche die gleichen Rechte wie *Editors* haben, darüber hinaus Ressourcen aber auch löschen dürfen.

- *Administrators*, die über die gleichen Rechte wie *Managers* verfügen und außerdem das Recht haben, den Zugang zu Ressourcen festzulegen, indem sie bestimmte Rollen mit bestimmten Berechtigungen versehen.

- *Security Administrators*, die Rollen anlegen und löschen dürfen.

- *Delegators*, die das Recht haben Benutzern bestimmte Rollen zuzuordnen.

Die Rollentypen sind in einer Vererbungshierarchie angeordnet. Dabei erbt ein Rollentyp alle Rechte des übergeordneten Rollentyps (Abbildung 6.8)

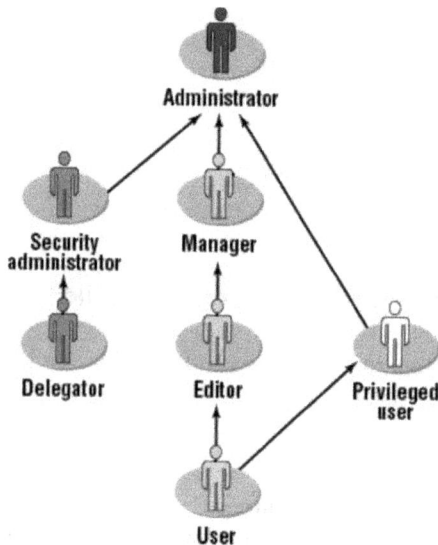

Abbildung 6.8: Vererbung von Rollentypen im IBM WebSphere Portal

Eine Rolle wird aber nicht nur durch ihren Rollentyp, sondern auch durch die Ressource der sie zugeordnet ist charakterisiert. Beispielsweise kann der Rolle *Editor* die Portalseite *Market_News_Page* zugeordnet sein. Benutzer die über diese Rolle verfügen, haben dann die Möglichkeit die *Market_News_Page* gemäß der *Editor*-Rolle zu beeinflussen, können jedoch keine Seite verändern, die nicht ihrer Rolle zugeordnet ist.

7 Fazit

Im Titel dieser Diplomarbeit wird der Begriff „versus" in Bezug auf die SAP Web Dynpro- und die IBM Portlet-Technologie verwendet und somit klargestellt, dass in der Arbeit ein Vergleich der beiden Technologien angestrebt wird.

Dieser Vergleich wurde bisher jedoch weitestgehend *implizit* durchgeführt, einerseits durch die Vorstellung und Erläuterung der Technologien in Kapitel 2, andererseits, durch die Darstellung und nähere Betrachtung der entwickelten Beispielapplikation *PTL Pilot* (Kapitel 3), sowie verschiedener grundlegender Aspekte von Web Dynpro- und Portlet-Applikationen (Kapitel 4, 5 und 6). Es folgt daher zunächst ein Rückblick und eine kurze vergleichende Analyse der einzelnen Kapitel, bevor anschließend ein Ausblick erfolgt und eine Abschlussbeurteilung vorgenommen wird.

7.1 Kapitelanalyse

Kapitel 2

In Kapitel 2 dieser Diplomarbeit werden die SAP Web Dynpro- und die IBM Portlet-Technologie vorgestellt. Die jeweiligen Abschnitte beginnen mit der Betrachtung der Technologie-Plattformen, gefolgt von den auf diesen Plattformen eingesetzten Entwicklungsumgebungen und enden schließlich mit einem Einblick in die Architektur beider Technologien.

Dabei scheint es mehr Gemeinsamkeiten, als Unterschiede zwischen den Technologien zu geben. So verfolgen sowohl SAP NetWeaver, als auch IBM WebSphere den Ansatz verschiedene Applikationen und Informationen in eine einheitliche Umgebung zu integrieren. Dazu stellen sie eine Reihe von Softwarewerkzeugen zur Verfügung, zu denen auch die beiden Entwicklungsumgebungen *SAP NetWeaver Developer Studio* und *IBM Rational Application Developer* zählen, die beide auf der Softwareentwicklungsumgebung Eclipse basieren und sich daher in Aufbau und Funktionsweise sehr ähnlich sind. Auch die Architekturen der Technologien weisen starke Ähnlichkeiten auf. Beiden liegt das MVC-Entwurfsmuster zugrunde und beide Technologien dienen dazu, J2EE konforme Applikationen zu entwickeln.

Allerdings lassen sich beim Vergleich der SAP Web Dynpro- und der IBM Portlet-Technologie auch Unterschiede feststellen. Betrachtet man IBM WebSphere und SAP NetWeaver genauer, fällt auf, dass die Softwareproduktpalette im WebSphere-Umfeld wesentlich diversifizierter ist, als die von SAP NetWeaver. Während IBM hier eher das Konzept verfolgt, dem Kunden die Möglichkeit zu geben, aus einem bestimmten Angebot von Softwareprodukten die benötigten auszuwählen und damit die WebSphere Plattform flexibel an die größe seines Unternehmens anzupassen, bietet SAP dem Kunden für die verschiedenen Lösungsansätze fast immer nur ein einziges Produkt an. So kann der Kunde bei IBM WebSphere beispielsweise eine von vier, mit unterschiedlichem Leistungsumfang versehenen, Entwicklungsumgebungen oder eine von drei Applikationsservervarianten wählen. SAP NetWeaver bietet ihm dagegen jeweils nur eine Entwicklungsumgebung und einen Applikationsserver an.

Einige Unterschiede werden auch bei der Gegenüberstellung von NetWeaver Developer Studio und Rational Application Developer deutlich. Web Dynpro-Projekte wird man im Application Developer vergeblich suchen, genauso wie IBM Portlet Projekte im Developer Studio. Darüber hinaus unterscheiden sich beide Entwicklungsumgebungen in ihrem „Look & Feel" (der Rational Application Developer ist dabei stärker an die Eclipse-Umgebung angelehnt), sowie im Umfang der einsetzbaren Projektarten (hier bietet der Rational Application Developer standardmäßig mehr Projektarten an als das Developer Studio).

Bei näherer Betrachtung der Architekturen lassen sich einige Unterschiede im grundsätzlichen Aufbau feststellen. So kann eine Web Dynpro-Applikation frei von anderen Applikationen auf jedem SAP Web Application Server installiert werden, während eine Portlet-Applikation nur in einer Portalumgebung laufen kann. Eine Portlet-Applikation verfügt hingegen über mehrere Modi, die in einer Web Dynpro-Applikation erst „manuell" erstellt werden müssten.

Kapitel 3

Kapitel 3 behandelt die Beispielapplikation *PTL Pilot*, die sowohl mittels der SAP Web Dynpro-, als auch mit der IBM Portlet-Technologie umgesetzt wurde. Es wird zunächst eine Beschreibung der Applikation vorgenommen, anschließend werden die beiden Varianten der Applikation vorgestellt.

Der Vergleich der Varianten zeigt deutlich, dass die Web Dynpro-Applikation wesentlich ausgeprägter entwicklet wurde, als die Portlet-Applikation. Dafür ist einerseits, wie in Kapitel 3 erläutert, der enge Zeitrahmen der Diplomarbeit verantwortlich. Andererseits war es aber auch einfacher, den abstrakt gehaltenen MVC-Ansatz einer Web Dynpro-Applikation zu erlernen und umzusetzen, als den sich wesentlich näher am J2EE Umfeld bewegenden Portlet MVC-Ansatz. Hinzu kam die Vielzahl der Arten von Portlet-Projekten (IBM Portlet, JSR168-Portlet, JavaServer Faces Portlet usw.), die anfangs zunächst verwirrend war.

Kapitel 4

Das vierte Kapitel dieser Diplomarbeit setzt sich mit den Möglichkeiten bei der Gestaltung von Benutzungsoberflächen auseinander. Nach der Erläuterung einiger allgemeiner Grundlagen, werden auch die Oberflächen der beiden Varianten der *PTL Pilot*-Applikation betrachtet.

Auch hier werden einige Unterschiede und Gemeinsamkeiten deutlich. Zwar sind sowohl für Web Dynpro-, als auch für Portlet-Applikationen nahezu die gleichen Interaktionselemente (abgesehen von einigen Spezialelementen, wie beispielsweise dem *Office Control*-Element für Web Dynpro) zur Oberflächengestaltung verfügbar. Diese basieren aber auf verschiedenen Grundlagen. So bietet SAP ausschließlich selbst entwickelte proprietäre Elemente an, während IBM als Basis für die Interaktionselemente die offene *JavaServer Faces*-Technologie verwendet und diese um IBM-spezifische Erweiterungen ergänzt.

Darüber hinaus lassen sich die von IBM zur Verfügung gestellten Interaktionselemente direkt formatieren, während sich das Aussehen das SAP-Elemente nur geringfügig beeinflußen lässt. Für die Platzierung der Interaktionselemente und die Gestaltung der Benutzungsoberfläche steht aber in beiden Entwicklungsumgebungen jeweils ein leistungsstarkes Werkzeug zur Verfügung, mit dem es möglich ist, die Oberflächen durch einfaches „Klicken und Ziehen (Drag & Drop)" zu erstellen.

Kapitel 5

Im fünften Kapitel dieser Diplomarbeit wird zunächst die Programmiersprache ABAP untersucht, mit der in einem SAP R/3 System mehrere Funktionsbausteine implementiert wurden, die für Beschaffung und Manipulation von Daten sorgen. Anschließend folgt ein Abschnitt über die persistente Datenspeicherung in SAP R/3 Systemen und schließlich wird die Anbindung der Funktionsbausteine an Web Dynpro- bzw. Portlet-Applikationen erläutert.

Da die in diesem Kapitel beschriebenen Funktionsbausteine als gemeinsame Grundlage für beide Applikationen gelten, gibt es hier eigentlich keine Komponenten, die sich miteinander vergleichen lassen. Zu bemerken bleibt lediglich, dass sowohl in IBM JavaServer Faces Portlets, als auch in SAP Web Dynpro-Applikationen eine deklarative, durch einen Wizard gesteuerte, Anbindung von Funktionsbausteinen sehr gut möglich ist.

Kapitel 6

Kapitel 6 geht auf den Aspekt der Authentifizierung und Autorisierung von Benutzern in Webapplikationen, insbesondere in Web Dynpro- und Portlet-Applikatonen ein. Dabei wird im ersten Abschnitt der *Java Authentication and Authorization Service (JAAS)* vorgestellt, der in beiden Technologien (in der Portlet-Technologie nur teilweise) zur Authentifizierung und Autorisierung von Benutzern eingesetzt wird. Anschließend werden in zwei weiteren Abschnitten die Authentifizierungs- und Autorisierungsmechanismen in Web Dynpro- und Portlet-Applikationen näher betrachtet.

Zur Authentifizierung können in Web Dynpro-, wie auch in Portlet-Applikationen die Basisauthentifizierung (*Basic Authentication*), die Authentifizierung über ein Webformular (*Form-Based Authentication*) oder die Authentifizierung über Zertifikate bzw. Logon Tickets (*HTTPS Client Authentication*) verwendet werden. Dabei stützt sich die Authentifizierung eines Applikationsbenutzers beim SAP Web Application Server sehr stark auf den JAAS, während der IBM WebSphere Application Server überwiegend eigene Authentifizierungskomponenten verwendet und die JAAS-Funktionalität nur sehr eingeschränkt nutzt.

Auch die Autorisierung von Benutzern wird in beiden Technologien im Wesentlichen nach dem gleichen Prinzip durchgeführt. Ein kleiner Unterschied besteht in der zusätzlichen Verwendung von *Permissions* bei der Festlegung von Berechtigungen in Web Dynpro-Applikationen. In Portlet-Applikationen werden für die Berechtigungsdefinitionen lediglich Rollen und Aktionen benutzt. Außerdem verfügt das WebSphere Portal über eine Reihe vorgefertigter Rollentypen, aus denen sich sämtliche Rollen ableiten. Diese Art der Rollendefinition ist in Web Dynpro-Applikationen nicht ohne Weiteres möglich.

7.2 Ausblick

Obwohl es zu den Zielen dieser Diplomarbeit gehört, eine möglichst umfassende und weitreichende Untersuchung von SAP Web Dynpro- und IBM Portlet-Applikationen vorzunehmen, gibt es eine Reihe von Themen, die aufgrund des begrenzten Zeitrahmens und der eng umrissenen Aufgabenstellung nicht in dieser Arbeit behandelt werden konnten.

So könnte eine weiterführende Arbeit beispielsweise untersuchen, wie Web Dynpro-Applikationen in einem SAP Enterprise Portal oder in Portale anderer Hersteller eingebunden werden können. Dabei ist insbesondere die Integration von SAP Web Dynpro-Applikationen in ein IBM WebSphere Portal hervorzuheben.

Ein interessanter Ansatz wäre auch die Betrachtung und der Vergleich von *Datei-Versions-Verwaltungssystemen*, denen vor allem in großen Softwareprojekten eine hohe Bedeutung zukommt. IBM ermöglicht beispielsweise die Nutzung eines solchen Systems in Kombination mit dem Rational Application Developer. SAP stellt mit der *Java Development Infrastructure (JDI)* sogar eine Weiterentwicklung des aus den R/3 Systemen bekannten „Transportwesens" zur Verfügung, die weit über die einfache Versionsverwaltung hinausgeht.

Wie Kapitel 2 gezeigt hat, lassen sich neben Funktionsbausteinen auch andere Komponenten (beispielsweise Webservices) als Model für Web Dynpro- und Portlet-Applikationen verwenden. Ein weiteres mögliches Thema ergäbe sich demnach aus Untersuchung und Vergleich verschiedener Modelarten für Web Dynpro- und Portlet-Applikationen.

In dieser Arbeit wurde lediglich die Java-Variante von Web Dynpro Applikationen betrachtet. Anfang dieses Jahres hat die SAP allerdings die lang erwartete Web Dynpro ABAP-Variante (*Web Dynpro for ABAP*) veröffentlicht, mit der sich Web Dynpro-Applikationen auch in der Programmiersprache ABAP implementieren lassen sollen. Auch der Vergleich der beiden Web Dynpro-Varianten wäre sicherlich ein interessanter Ansatz für eine weiterführende Arbeit.

7.3 Abschlussbeurteilung

Zum Schluss dieser Arbeit lässt sich eine wesentliche Erkenntnis festhalten: *Keine der beiden untersuchten Technologien kann als „die überlegenere" oder „die bessere" Technologie angesehen werden.*

SAP hat mit Web Dynpro eine proprietäre Technologie geschaffen, die auf der Programmiersprache Java basiert und mit der sich J2EE konforme Webapplikationen entwicklen lassen. Allerdings werden dabei, im Gegensatz zur Portlet-Technologie von IBM, nicht die im J2EE Umfeld üblichen Elemente, wie JavaServer Pages, Java Servlets, Java Beans usw. eingesetzt. Stattdessen stellen sich dem Applikationsentwickler die Entwicklungsobjekte als abstrakte Elemente dar.

Das hat zur Folge, dass der Entwickler bei der Erstellung einer Web Dynpro-Applikation zwar einerseits weniger Freiheiten hat, als bei der Erstellung einer Portlet-Applikation. Andererseits wird aber gerade durch die Abstrahierung der Entwicklungsobjekte der MVC-Ansatz in Web Dynpro Applikationen deutlicher hervorgehoben, wodurch die Technologie gut erlernbar wird und weniger Fehler entstehen können.

Einem erfahrenen J2EE-Entwickler werden hingegen die Entwicklungsobjekte eines Portlet-Projekts vertrauter erscheinen, als die eines Web Dynpro-Projekts. Es ist daher wesentlich einfacher für ihn sich in die Portlet-Technologie einzuarbeiten, als für einen Entwickler, der nur wenige oder überhaupt keine Erfahrungen in der J2EE-Programmierung aufweisen kann.

Literaturverzeichnis

[AI06]   ANGEWANDTE INFORMATIONSTECHNIK, Frauenhofer I.: *Fit für Usability*. Version: 2006. http://www.fit-fuer-usability.de/index.html, Abruf: 24. April 2006

[Bal00]   BALZERT, Helmut: *Lehrbuch der Softwaretechnik*. Zweite Auflage. Spektrum Verlag, 2000. – ISBN 3–8274–0480–0

[Bha05]   BHARATHWAJ, R.: *Colorful Web Dynpro Applications*. Version: 2005. https://www.sdn.sap.com/irj/servlet/prt/portal/prtroot/docs/library/uuid/ccb6bcf4-0401-0010-e3bc-ec0ef03e13d1, Abruf: 28. April 2006 (SAP Developer Network - Inofficial Document)

[CY03]   COWARD, Danny ; YUSHIDA, Yutaka: *Java Servlet Specification*. Version: November 2003. http://jcp.org/aboutJava/communityprocess/final/jsr154/index.html, Abruf: 05. Mai 2006

[G+05]   GANCI, John u. a.: *Rational Application Developer V6 - Programming Guide*. IBM International Technical Support Organization, 2005 (IBM Redbooks). http://www.ibm.com/redbooks. – ISBN 0–73849–120–9

[K+05]   KOVARI, Peter u. a.: *WebSphere Application Server V6 - Security Handbook*. First Edition. IBM International Technical Support Organization, 2005 (IBM Redbooks). http://www.ibm.com/redbooks. – ISBN 0–73849–112–8

[KK01]   KELLER, Horst ; KRÜGER, Sascha: *ABAP Objects - Einführung in die SAP Programmierung*. Zweite Auflage. Galileo Press, 2001. – ISBN 3–89842–147–3

[Kov05]   KOVARI, Peter: *WebSphere Security Fundamentals*. Version: April 2005. http://www.ibm.com/redbooks (IBM Redbooks)

[Krü03]   KRÜGER, Guido: *Handbuch der Java Programmierung.* Dritte Auflage. Addison Wesley Verlag, 2003. – ISBN 3-8273-2120-4

[KTD05]   KESSLER, Karl ; TILLERT, Peter ; DOBRIKOV, Panayot: *Java-Programmierung mit dem SAP Web Application Server.* Erste Auflage. Galileo Press, 2005. – ISBN 3-89842-317-4

[MBK04]   MCCLANAHAN, Craig ; BURNS, Ed ; KITAIN, Roger: *JavaServer Faces Specification.* Version: 1.1, May 2004

[MSH02]   MIDDENDORF, Stefan ; SINGER, Reiner ; HEID, Jörn: *Java Programmierhandbuch und Referenz.* Dritte Auflage. dpunkt. Verlag, 2002 http://www.dpunkt.de/java/index.html. – ISBN 3-89864-157-0

[R⁺05]   RODRIGUEZ, Juan R. u. a.: *IBM Rational Application Developer V6 - Portlet Application Development and Portal Tools.* IBM International Technical Support Organization, 2005 (IBM Redbooks). http://www.ibm.com/redbooks. – ISBN 0-73849-352-X

[SAP06a]   SAP: *SAP NetWeaver Library - ABAP Programmierung - Datenbankzugriffe des NetWeaver AS ABAP.* Version: April 2006. http://help.sap.com/saphelp_nw2004s/helpdata/de/fc/eb3976358411d1829f0000e829fbfe/frameset.htm, Abruf: 08. Mai 2006 (SAP Online Library)

[SAP06b]   SAP: *SAP NetWeaver Library - BAPI Programmierleitfaden - Einführung.* Version: April 2006. http://help.sap.com/saphelp_nw2004s/helpdata/de/e3/cfa21850a711d395f900a0c94260a5/frameset.htm, Abruf: 03. Mai 2006 (SAP Online Library)

[SAP06c]   SAP: *SAP NetWeaver Library - BC ABAP Dictionary.* Version: April 2006. http://help.sap.com/saphelp_nw2004s/helpdata/de/cf/21ea0b446011d189700000e8322d00/frameset.htm, Abruf: 08. Mai 2006 (SAP Online Library)

[SAP06d]   SAP: *SAP NetWeaver Library - Information zu Entwicklungsobjekten - Der Data Browser.* Version: April 2006. http://help.sap.com/saphelp_nw2004s/helpdata/de/d1/8019cd454211d189710000e8322d00/frameset.htm, Abruf: 08. Mai 2006 (SAP Online Library)

[SAP06e] SAP: *SAP NetWeaver Library - Java Development Manual - Permissions, Actions, and UME Roles*. Version: April 2006. http://help.sap.com/saphelp_erp2005/helpdata/en/a4/ d39b3e09cdf313e10000000a114084/frameset.htm, Abruf: 05. Mai 2006 (SAP Online Library)

[SAP06f] SAP: *SAP NetWeaver Library - Referenz zum BAPI Programmierleitfaden - Business Objekttypen*. Version: April 2006. http://help.sap.com/saphelp_nw2004s/helpdata/de/2c/ 36178d645911d395fe00a0c94260a5/frameset.htm, Abruf: 03. Mai 2006 (SAP Online Library)

[SAP06g] SAP: *SAP NetWeaver Library - RFC*. Version: April 2006. http://help.sap.com/saphelp_nw2004s/helpdata/en/6f/ 1bd5b6a85b11d6b28500508b5d5211/frameset.htm, Abruf: 03. Mai 2006 (SAP Online Library)

[SGHM05] SADTLER, Carla ; GRIFFITH, Kevin ; HU, Daniel ; MARHAS, Dildar: *WebSphere Product Overview*. Version: 2005. http: //www.ibm.com/redbooks (IBM Redbooks)

[SS05] SCHOLTES, Heiko ; SCHEFENACKER, Sascha: *Developing SAP content-based JSF-Portlets with the IBM Rational Software Development Platform*. Version: 2005. http://www-128.ibm.com/ developerworks/rational/library/05/607_sasch/, Abruf: 27. April 2006

[SSBS03] SCHUSTER, Ingo ; SELIGER, Frank ; BÜHLER, Dieter ; SCHAECK, Thomas: *Integrating WebSphere Portal software with your security infrastructure*. Version: October 2003. ftp://ftp.software.ibm.com/software/websphere/ pdf/WS_Portal_Security_G325-2090-01.pdf, Abruf: 07. Mai 2006

[Sun01] SUN: *Introduction to JAAS and Using JAAS*. Version: July 2001. http://java.sun.com/developer/JDCTechTips/2001/ tt0727.html, Abruf: 05. Mai 2006

[Sun03] SUN: *Java 2 Platform Enterprise Edition Specification*. Version: 1.4, November 2003. http://java.sun.com/j2ee/1.4/ index.jsp, Abruf: 19. April 2006

[Sun06a] SUN: *Java 2 Platform Enterprise Edition - Compatible Implementations*. Version: 2006. http://java.sun.com/j2ee/ compatibility.html, Abruf: 19. April 2006

[Sun06b] SUN: *Java Authentication and Authorization Service (JAAS) Overview.* Version: April 2006. http://java.sun.com/products/jaas/overview.html, Abruf: 05. Mai 2006

[W+04] WHALI, Ueli u. a.: *WebSphere Studio 5.1.2 - JavaServer Faces and Service Data Objects.* IBM International Technical Support Organization, 2004 (IBM Redbooks). http://www.ibm.com/redbooks. – ISBN 0–73849–041–5

[Whe05] WHEALY, Chris: *Inside Web Dynpro for Java.* Galileo Press, 2005. – ISBN 1–59229–038–8

[Wik06a] WIKIPEDIA: *ABAP.* Version: April 2006. http://de.wikipedia.org/wiki/abap, Abruf: 03. Mai 2006

[Wik06b] WIKIPEDIA: *Model-View-Controller.* Version: April 2006. http://de.wikipedia.org/wiki/MVC, Abruf: 19. April 2006

www.ingramcontent.com/pod-product-compliance
Lightning Source LLC
Chambersburg PA
CBHW052016230326

41598CB00078B/3493